Einfach Eifel

Matthias Lempertz Buchhandlung und Antiquariat GmbH
Am Hof 16-18
53113 Bonn
Telefon: 02 28 - 7 66 77 67
Telefax: 02 28 - 7 66 77 69

© 2004 Edition Lempertz, Bonn
© Fotos: Ulrich Siewers

Umschlaggestaltung & Layout:
COLLIBRI, Königswinter

Lithographie:
COLLIBRI, Petra Hammermann, Königswinter

Druck:
Koelblin-Fortuna-Druck, Baden-Baden

Printed and bound in Germany

ISBN 3-933070-49-X

Ulrich Siewers

Einfach Eifel

Erlebniswandern zwischen Brohlbach und Erft

Inhalt

Ahrgebirge

Voreifel

Wissenswertes und Nützliches

Einfach Eifel

Erlebniswandern zwischen Brohlbach und Erft

Wo fängt eigentlich die Eifel an? Viele Leser aus dem Köln-Bonner Raum haben mir diese, aus ihrer Sicht berechtigte Frage gestellt. Mit der Antwort brauchte ich nicht lange zu zögern. Schließlich beginnt für mich als Brohler die Eifelregion mehr oder weniger direkt vor meiner Haustür im Brohltal. Für die Kölner oder viele Bonner ist die Eifel eine eher

in der Ferne liegende Region hinter dem Vorgebirge. Um einem aussichtslosen Disput über die räumlichen Zugehörigkeiten aus dem Wege zu gehen, habe ich für dieses Buch die Grenze ziemlich willkürlich gewählt. Alles, was westlich des Siebengebirges liegt, ist einfach Eifel. Basta!

Zusammen mit meiner Frau habe ich ein Jahr lang fast jede freie Stunde damit verbracht, die Landschaften zwischen dem Brohlbach und dem Tal der Erft nach neuen, historisch und landschaftlich reizvollen Zielen zu erkunden. Wir haben uns bei der Auswahl der Touren an der Leistungsfähigkeit einer normalen Durchschnittsfamilie orientiert. Sportliche Ambitionen spielten keine Rolle. Wie die Leser meiner bereits veröffentlichten Bücher wissen, sind für mich die Verweilzeiten wichtiger als die Gehzeiten. Gibt es etwas Schöneres, als auf einer schattigen Bank den Blick in die Ferne schweifen zu lassen und weit weg von der Hektik des Alltags den Augenblick der Ruhe zu genießen?

Zugegeben, die in diesem Band vorgestellten Rundtouren haben wenig mit den spektakulären Landschaftserlebnissen gemeinsam, über die ich bereits aus dem

Luxemburger Grenzraum oder aus dem Hohen Venn berichtet habe. Beim „Einfach Eifel-Erlebnis" ist uns aber alles andere als langweilig geworden. Die allgegenwärtigen Zeugnisse einer bewegten Geschichte am Wegesrand und die Geschichten, die sich damit verbinden, verwandeln so manche Wanderung in eine Zeitreise durch die Jahrtausende. Damit nicht nur für Wanderer die Zusammenhänge zwischen der Vergangenheit und der Gegenwart unterwegs lebendig werden, habe ich mich stets bemüht, mit Hilfe der Fotografie das Erlebte auch für die Daheimgebliebenen zu dokumentieren.

Die Schönheiten der Eifellandschaft nur mit Bahn oder Bus zu erkunden, ist nicht immer ganz einfach. Das Angebot des öffentlichen Personennahverkehrs richtet sich eher nach ökonomischen als nach ökologischen Gesichtspunkten. Dank der Möglichkeiten, die das Internet bietet (s. Adressen im Anhang), haben auch Nicht-Autobesitzer die Chance, eine entsprechende Verbindung zu finden. Als besonderen Service habe ich entsprechende Hinweise in die jeweilige Toureninformation aufgenommen. Eine Gewähr für die Zuverlässigkeit dieser Angaben muss ich allerdings ausschließen.

Es jedem recht zu machen ist weder mein Ziel noch liegt es innerhalb meiner Möglichkeiten. Wegebeschreibungen, Karten und Skizzen sind immer Momentaufnahmen. Touristische Wegweiser, Markierungen an Baumstämmen oder auf Feldsteinen sind vergänglich. Wir verdanken sie in erster Linie den wenigen, meist ehrenamtlich tätigen Idealisten des Eifelvereins. Ohne ihr Engagement wäre die Erschließung der Wanderwege ein mühseliges Geschäft, das nur mit Karte und Kompass für die meisten kaum zu bewältigen ist. Meine eigenen Recherchen basieren auf journalistischer Sorgfaltspflicht, einer tief empfundenen Liebe zur Natur und dem persönlichen Interesse an der Geschichte meiner (Wahl-)Heimat. Ich erhebe weder den Anspruch auf wissenschaftliche Unfehlbarkeit noch halte ich mit meiner persönlichen Meinung hinterm Berg, wenn ich es für angebracht halte, sie zu äußern. Die bewiesene Treue meiner Leserschaft bestätigt mich in meinem Verhalten. Ich werde sie nicht enttäuschen und ihr auch in Zukunft noch möglichst viele Erlebnistouren präsentieren.

Brohl-Lützing im Frühjahr 2004 *Ulrich Siewers*

Was uns die Steine erzählen können

Geschichte erleben zwischen Brohlbach und Laacher See

Markante Basaltkuppen und Schlackenkegel prägen weithin sichtbar das Land-schaftsbild der Verbandsgemeine Brohltal südwestlich des Laacher Sees. Sie erin-nern an eine vor 700.000 Jahren beginnende Ära starker vulkanischer Tätigkeit in der Osteifel. Feurige Massen aus dem Erdinnern drängten dabei an die Oberfläche und erstarrten dort zu Stein. Dieser Stein spielt seit über 2000 Jahren in der Ge-schichte dieser Region eine bedeutende Rolle. Er formte die dort lebenden Men-schen ebenso wie deren Lebensraum. Für viele bedeutete der Stein harten Broter-werb und für wenige andere Reichtum und Wohlstand. Heute, wo der Mensch im Wettbewerb meist nur noch als Kostenfaktor eine Rolle spielt, ist die Nachfrage nach den Steinen aus dem Brohltal gering geworden. Üppiges Grün wuchert über den einstigen Arbeitsplätzen in den heute meist denkmalgeschützten Steinbrüchen.

Wo einst die schweren Werkzeuge der Steinhauer erklangen, suchen heute Naturfreunde und Wanderer Stille und Erholung.

Wir beginnen unsere Entdeckungstour auf dem Parkplatz am Burgberg zwischen dem Schloss und dem Friedhof in Burgbrohl. Bereits nach wenigen Metern am alten Baumbestand und den Mauerresten der mittelalterlichen Befestigung entlang erreichen wir die Zufahrt zum Schloss, das sich in Privatbesitz befindet. Die barocke Toreinfahrt wird von einem hohen Blendbogen eingerahmt, der wechselnd aus verputzten Tuffstein- und behauenen Basaltquadern besteht. Der prächtige Dreiecksgiebel aus Tuffstein über dem Tor trägt das seitlich von goldenen Löwen gehaltene vergoldete und bemalte Ehewappen derer von Bourscheidt und von Schaesberg, die im 18. Jahrhundert das von französischen Truppen zerstörte Schloss in seiner heutigen Form wieder aufbauen ließen. Ein sechseckiges Türmchen krönt das Mansardendach über dem alten Eichentor mit seinen handgeschmiedeten Nägeln. Auf der Spitze des Türmchens leuchtet ein vielzackiger goldener Stern. Die steinernen Mauern haben seit dem 11. Jahrhundert sicher so manches zu erzählen. Zum Beispiel über die angeblichen Beziehungen zur Scientology-Sekte des letzten Besitzers, des weltweit angesehenen Grafikers Gottfried Helnwein. Er zog es deshalb vor, den Wohnsitz seiner Familie 1997 nach Irland zu verlegen.

Weiter geht es gegenüber der Toreinfahrt bergauf. Wo die Straße „Auf dem Berg" einen scharfen Knick nach links macht, wandern wir weiter geradeaus auf dem Feldweg in westlicher Richtung. Wir schauen nach rechts über Burgbrohl hinweg auf den Hang des Wingertsberges am südlichen Rand von Oberlützingen. Beim genaueren Hinsehen entdeckt man steinerne Terrassen, Reste des früheren Weinanbaus, den bereits die Römer in der Region betrieben und der seit dem Jahre 1200 im Brohltal belegt ist. Wein war bis ins 19. Jahrhundert ein alltägliches Nahrungsmittel, das selbst Kindern regelmäßig verabreicht wurde. Zu Beginn des 20. Jahrhunderts sorgte ein unscheinbares Insekt für den jähen Niedergang des Weinbaus im Brohltal – die Reblaus. Lediglich die verfallenen Bruchsteinmauern zeugen von der Jahrhunderte alten Weinbautradition.

Nach rechts geht es hinunter ins dicht bewaldete Greimerstal. Unten angekommen halten wir uns zunächst links und kurze Zeit später an der nächsten Wegegabelung wieder rechts. Im heißen Sommer 2003 ist der ausgewaschene Bachgrund ausgetrocknet. Viele der jungen Bäume am Weg weisen Beschädigungen der Rinde auf - typische Schälschäden, die durch das Wild entstanden sind. Im obe-

Toreinfahrt zum Schloss in Burgbrohl

ren Greimerstal verläuft der Wanderweg im Schatten hoher Buchen. Dann lichtet sich der Baumbestand und es geht ein kurzes Stück bergauf. Oben stoßen wir auf die asphaltierte Zufahrt zu unserem ersten Etappenziel, der ehemaligen Propstei Buchholz.

Der zu Burgbrohl gehörende Ortsteil Buchholz besteht heute aus einer kleinen Anzahl ländlicher Gebäude sowie einem etwas abseits gelegenen modernen Wohngebäude mit Pferdestall. Auffallend sind jedoch die großen, heute landwirtschaftlich genutzten Gebäudekomplexe des ehemaligen Klosters. In den alten Gemäuern wirkten von 1135 bis 1802 Patres und Mönche der Benediktiner-Abtei Mönchengladbach. Getreu ihrem Grundsatz „Ora et labora - Bete und arbeite" bewirtschafteten sie das ansehnliche Klostergut mit seinen Äckern, Weinbergen, Wäldern und Fischgewässern. Ihr geistiges Zentrum war die Propsteikirche „St. Servatius", die im 12. Jahrhundert im romanischen Stil erbaut wurde. Jahrhunderte lang prägte die Silhouette der beiden romanischen Osttürme und des mächtigen, vermutlich gotischen Vierungsturms das Landschaftsbild. So manchen Sturm musste das Kloster und seine Kirche über sich ergehen lassen. Mehrfache Brandschatzung und Plünderung durchstand der Konvent im Laufe seiner 850-jährigen wechselvollen Geschichte. Die barocke Umgestaltung der Propsteikirche erfolgte im Jahre 1683. Noch vor der Vollendung der Umbaumaßnahmen kam mit der Besetzung der Rheinlande durch die französischen Truppen gegen Ende des 18. Jahrhunderts das Aus. Die beiden letzten Patres verließen am 11.10.1828 die nun profanisierte Propstei. Das ehrwürdige Gemäuer, in dem einst gregorianische Choräle erklangen, mutierte fortan zur Scheune. Der Verfall wurde durch

Witterungseinflüsse und einen durch Blitzschlag verursachten Brand beschleunigt.

1981 entschlossen sich engagierte Privatleute, die Sicherung der gefährdeten Bausubstanz dieses bedeutenden Bau- und Kulturdenkmals zu übernehmen. Ab 1985 begannen die ersten Arbeiten, die auch heute noch lange nicht abgeschlossen sind. Um die Öffentlichkeit für das Projekt zu gewinnen und dringend benötigte Spenden zu akquirieren, finden regelmäßig Konzerte und andere Veranstaltungen in der alten Propsteikirche statt. Besichtigungen (Schlüsselausleihe) und fachkundige Führungen sind möglich: Familie Seul, Buchholz, Nr. 2 (neben dem Heiligenhäuschen), Telefon 0 26 36 - 47 22

Wir wandern an alten Streuobstwiesen vorbei von Buchholz nach Süden. Von hier oben genießen wir den herrlichen Blick über das untere Brohltal und die Lützinger Höhen hinüber auf den rechtsrheinischen Gebirgskamm, der das Rheintal vom Wiedbachtal trennt. Dort verlief zur Römerzeit der Limes, jener befestigte und durch Wachtürme verstärkte Grenzwall, der bei Rheinbrohl begann und über den Taunus und den Odenwald bis hinunter nach Regensburg an der Donau reichte. Er sollte nicht nur die römischen Siedlungen und Güter vor den Raubzügen der germanischen Barbaren schützen, die jenseits des Limes lebten. Er sollte vor allem die römische Kultur vor fremdem Einfluss bewahren. Auch im Brohltal waren die Römer zuhause. Zahlreiche Weihesteine und Münzfunde belegen dies. Sie betrieben den Trassabbau im Tal und Ackerbau und Viehzucht auf den Plateauflächen. Unter manchem Acker liegen noch immer die Reste ihrer Landgüter und Begräbnisstätten verborgen, von denen der „Führer durch das Brohltal und das angrenzende Gebiet" um 1910 berichtete: „Zahlreiche Funde, die von Landleuten bei Gelegenheit der Felderbearbeitung gemacht wurden, sind überall hin verzettelt worden."

Wir erreichen nach kurzer Zeit den dicht bewaldeten Hang des Gleesbachtals. Der Name der Gemarkung „Am Wingertsberg" verrät, dass hier die Mönche eifrig Weinbau betrieben haben. Wir folgen dem Waldsaum nach rechts in westlicher Richtung auf dem „Brohltalweg" (**B1**) und überqueren nach kurzer Zeit die Kreisstraße K67 südlich der Gehöftgruppe Neubuchholz. Anschließend setzen wir den Weg am Waldrand entlang weiter nach Westen (**B1**) bis zum kleinen Knick an der Waldspitze fort. Unweit dieser Stelle lag noch vor 200 Jahren die verschwundene und längst vergessene Siedlung Almersbach. Modernsten Standards dagegen entsprechen die Ge-

Brohltal

Mitten im alten Vulkankessel liegt Wehr

bäude im neuen Gewerbegebiet Brohltal 2 und die von Truckern geschätzte Raststätte Brohltal-Ost an der Autobahn A61 vor uns, überragt von der imposanten Kulisse der Burgruine Olbrück.

Wir verlassen an dieser Stelle den „Brohltalweg" und wandern nach links an den abgestorbenen Bäumen vorbei, durchqueren auf schmalem Pfad die Feldflur und laufen anschließend auf dem breiten Asphaltweg ein Stück nach rechts bis zum nächsten Waldvorsprung, wo das Gewerbegebiet beginnt. Hier genießen wir den Ausblick nach Nordosten, der bei guter Sicht das gesamte Panorama des Siebengebirges einschließt. An der Waldspitze geht es weiter nach links am Zaun entlang

Zeugnis einer wechselvollen Geschichte – die renovierte Probsteikirche von Buchholz

bis zur Zufahrtstraße, der wir anschließend ein Stück nach links parallel zur Autobahn folgen.

Nach etwa 400 Metern verlassen wir die Straße wieder und gelangen halb links auf dem Feldweg (**GL1**) am Eichenwäldchen vorbei hinauf auf den „Dachsbusch". Trotz der Nähe zur Autobahn finden wir hier oben eine in der Region einzigartige Fauna und Flora vor. Allerlei Feldgehölze säumen den Weg. Im Juli gibt es an dieser Stelle köstlich schmeckende Wildkirschen und Walderdbeeren, im Spätsommer und Herbst schwarzglänzende Brombeeren und würzig duftende Wildkräuter wie Minze, wilder Majoran und Thymian. Weiter oben bedeckt Magerrasen den Hügel, von dem wir eine fantastische Aussicht in alle Himmelsrichtungen genießen dürfen. Besonders eindrucksvoll ist der Blick über die Autobahn hinweg auf den so genannten Wehrer Kessel. Diese gut zwei Kilometer durchmessende Senke ist wie der Laacher Kessel wahrscheinlich eine „Caldera", also ein Becken, das in eine sich leerende Magmakammer eingebrochen ist. Insbesondere die Bruchkante am steil aufragenden Westrand hinter dem Dörfchen Wehr zeugt von diesem erdgeschichtlichen Ereignis. Unter dem fruchtbaren Lössboden am Grund des Kessels gibt es noch immer starke vulkanische Aktivitäten. Das aufsteigende Kohlendioxidgas CO_2 (Kohlensäuregas) wird in den überall im Tal sichtbaren Gasbrunnen aufgefangen und wirtschaftlich als Treibgas oder Kühlmittel genutzt. Immer wieder kommt es vor, dass Tiere, die zur Tränke an den Wehrer Bach kommen, an dem geruchlos austretenden Gas im Uferbereich ersticken.

Unterhalb des Hügels macht uns eine Informationstafel neugierig. Rund um den unter Naturschutz stehenden Steinbruch am Dachsbusch gibt es eine Reihe geologischer Sehenswürdigkeiten, die alljährlich zahlreiche Interessierte aus der ganzen Welt an diesen Ort locken. Eine davon finden wir in einem Aufschluss oberhalb des aufgelassenen Steinbruchs. Hier wurde bis vor wenigen Jahren der so genannte Gleeser Bimsstuff (Tephra) abgebaut, ein Förderprodukt der jüngeren Eruptionen im Wehrer Kessel. Das aus Fremdgesteinsbruchstücken und Bimssteinfetzen gebildete Gestein ist während der Eiszeit auf dem Permafrostboden abgerutscht, was zur Bildung einer deutlich sichtbaren Falte im geöffneten Hangquerschnitt geführt hat. Diese Falte wurde später wieder von Löss und schließlich vom Gleeser Bims überlagert. Den Aufstieg und ein anschließendes Foto ist diese erdgeschichtliche Besonderheit allemal wert.

Wieder zurück auf dem Weg geht es hinunter zur Landstraße, die vom

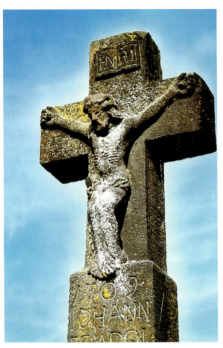

Steinernes Zeugnis religiöser Tradition – Steinkreuz an der Straße nach Wehr

Laacher See kommend nach Wehr führt. Am Straßenrand steht ein ausdrucksstarkes altes Basaltkreuz aus dem Jahre 1709. Hier biegen wir nach links auf den Feldweg ab, auf dem wir am südlichen Hang des Dachsbuschs entlang über den Höhenrücken an einem weiteren Wegekreuz vorbei hinunter nach Glees gelangen (**GL1**). Gleich neben der kleinen Kapelle am Ortsrand geht es rechts durch den Hohlweg „Im Höllchen" hinunter in den Ort zur Hauptstraße. Dort halten wir uns links, überqueren die Straße, biegen nach rechts in den „Mühlweg" ein und marschieren dann halb links weiter in nordöstlicher Richtung. Interessant sind die Mauern der alten Gebäude am Straßenrand. Meist bestehen sie aus gelblich braunem Tuff mit interessanten Einschlüssen und Hohlräumen. Wieder treffen wir auf die Hauptstraße L114, die durchs Gleeser Tal nach Burgbrohl hinunter führt. Wir folgen ihr ein kurzes Stück. Knapp 50 Meter hinter dem letzten Haus zweigt ein Weg nach rechts in den Wald ab. Die Beschilderung im Sommer 2003 lässt an dieser Stelle zu wünschen übrig. Nach etwa einem Kilometer gabelt sich der Weg durch den Buchenwald. Wir halten uns rechts hangaufwärts. Schon nach kurzem Anstieg tauchen im Halbdunkel der Bäume die ersten bemoosten Basaltblöcke auf. Dahinter steigen mächtige Säulen aus blauschimmerndem Basalt auf.

Wir befinden uns an der „Mauerley", einem freigelegten Lavastrom, der sich einst aus dem mehr als 200.000 Jahre alten Schlackenkegel des Veitskopfes ins Gleeser Tal ergoss. Als sich die Lava abkühlte, entstanden Schrumpfungsrisse und Säulen.

Bereits die Römer kannten die Besonderheiten dieser Gesteinsformationen. Ihre Steinbrucharbeiter trieben Eisenkeile entlang der Risse und Linien ins Gestein, um die teils gigantischen Basaltlavablöcke zu spalten. Man nennt diese Technik

Spuren im Stein – Mit Hilfe von „Keiltaschen" wurde der Fels geteilt

„Keiltaschenspaltung". Die so gewonnenen handlicheren Gesteinsbrocken gestalteten sie mit teils noch heute gebräuchlichen Werkzeugen zu wohlproportionierten Werksteinen, die mit Karren hinunter durch das Brohltal zum Rhein bei Brohl gelangten, von wo sie
per Schiff zu den römischen Städten am Strom und moselaufwärts
transportiert wurden.

Im Mittelalter wurden durch eine Verfeinerung der römischen Technik u.a. Mühlsteine verschiedenster Größen aus der „Mauerley" gebrochen. Illustrierte Tafeln veranschaulichen heute die verschiedenen

Brohltal

Techniken im Laufe der Jahrhunderte auf sehr ansprechende Weise. Die deutlichen Spuren im Stein lassen die Erläuterungen für Jung und Alt lebendig werden.

Nach dieser Lektion wandern wir hinauf zum Waldrand und weiter durch die Felder bis zur einsamen Feldkapelle. Im Schatten alter Bäume rasten wir auf der Bank neben dem „Heiligenhäuschen", einem typischen Symbol gelebter Volksfrömmigkeit. Vor uns liegt links das Dörfchen Wassenach und rechts der Veitskopf, einer der letzten intakten Schlackenkegel des „Kegelspiels", wie man romantisch vor 100 Jahren die Vulkanberge im Laacher-See-Gebiet getauft hatte. Die traurigen Überreste eines anderen „Kegels", des früheren Kunkskopfes, sind unser nächstes Ziel. Hinter dem Kapellchen folgen wir zunächst dem breiteren Feldweg und biegen dann nach rechts auf dem „Geopfad" (**U**) hinüber zu der hohen Baumreihe am Rand des großen Steinbruchs ab. Eine Info-Tafel informiert über die Geschichte. Der Kunkskopf wurde bereits vor einigen Jahren von den gierigen Schaufeln der Bulldozer und Radlader restlos „platt" gemacht und bis in die Tiefe ausgehöhlt. Der rotbraune Lavasand (Lavalith) rollte pausenlos per Lkw hinunter zum Rhein, um im Brohler oder im Andernacher Hafen auf Frachtschiffe umgeschlagen zu werden. In bunten Säcken abgefüllt gelangte das „Eifelgold" als Bodenverbesserer in zahllose Gärtnereien und Haushalte. Lose Zungen behaupten, die Firma Lava-Union habe damals „aus Dreck Geld gemacht".

Der schmale Geo-Pfad (**U**) führt unmittelbar am Rand des Steinbruchs entlang hinüber zur Straße, die Wassenach mit Burgbrohl verbindet. Wir wandern auf dieser Straße nach links quer durch das Steinbruchgelände in nördlicher Richtung weiter. Durch die „Wassenacher Hohl" gelangen wir schließlich wieder ins Brohltal zurück. In Burgbrohl geht es an der Straße nach Glees noch ein paar Meter nach links ins Tal. Hinter der Brücke über den Gleeser Bach sind es nur noch wenige Schritte bis zum Parkplatz, wo unsere Tour begonnen hat.

Start / Ziel: Parkplatz am Burgberg zwischen dem Schloss und dem Friedhof in Burgbrohl

Kategorie: Leichte Rundwanderung, ca. 16 Kilometer, ganzjährig begehbar, witterungsunabhängig

Einkehrmöglichkeiten / Besonderheiten: im Ort Burgbrohl, alternativ Rucksackverpflegung

Anfahrt:
Autobahn A 61 – Anschlussstelle Niederzissen – Burgbrohl-Ortsmitte – rechts abbiegen Richtung Glees – hinter der Brücke über den Gleesbach – rechts ca. 100 m bis zum Parkplatz
Bahn/Bus: Ab DB-Bahnhof Brohl/Rhein mit dem Linienbus bis Burgbrohl

Tipp: An Wochenenden mit dem „Vulkanexpress", der Brohltaleisenbahn, von Brohl am Rhein bis Bahnhof Burgbrohl fahren und von dort ca. 10 Minuten durch den Ort hinauf zum Schloss hinauf wandern

Information: Wanderkarte 1:25 000 des Eifelvereins Nr. 10 „Das Brohltal", Fremdenverkehrsverband Brohltal e.V., Kapellenstraße 12, D-56651 Niederzissen, Telefon 0 26 36 - 194 33, Fax 0 26 36 - 801 46, tourist@brohltal.de

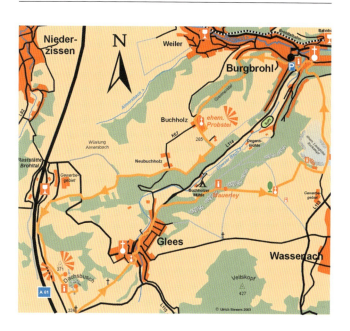

Brohltal

Blick vom Steinfeld auf unser Wandergebiet am oberen Brohltal

Durchs Land der Herren von Olbrück
Rundwanderung im oberen Brohltal

Schon von weitem grüßt hell leuchtend der Bergfried der Burgruine Olbrück den Reisenden auf der Autobahn A61 und weist ihm den Weg ins obere Brohltal. Seit dem Herbst 2001 ist das Wahrzeichen des Brohltals wieder für die Öffentlichkeit zugänglich und lockt an sonnigen Wochenenden die Besucherscharen von nah und fern. Sie nehmen bereitwillig die 150 Stufen zur Spitze des Burgturms auf dem hohen Phonolitkegel in Angriff, um zu einem der spektakulärsten Aussichtspunkte der Eifel zu gelangen.

Wer eher die Stille der Natur bevorzugt, den laden wir zu unserer heutigen Rundwanderung durch das obere Brohltal ein. Unser Auto haben wir auf dem Parkplatz in der kleinen Eifelgemeinde Niederdürenbach an der „Olbrückhalle" abgestellt und wandern auf dem „Brohlbachuferweg" (**BU**) in westlicher Richtung talaufwärts. Hinter dem Campingplatz geht es an Pferdekoppeln vorbei hinauf

zum Ortsteil Holzwiesen, wo wir den Brohlbach überqueren. Wenige Minuten später passieren wir die Lochmühle. Das riesige Mühlrad dreht sich zwar längst nicht mehr, doch der Ort hat seinen wild-romantischen Scharm noch nicht vollends verloren. Das Tal des Brohlbachs wird ab hier enger. Der Wald reicht bis hinunter an den Bach, der ein we-

Die ehemalige Lochmühle

nig oberhalb der Mühle zu einem Fischweiher aufgestaut wurde. Eine Wasseramsel folgt im Schwirrflug dem plätschernden Brohlbach. Im morastigen Uferbereich zeugen die zahlreichen Schlammsuhlen, dass Wildschweine im Tal zuhause sind.

Am alten Basaltkreuz stoßen wir auf einen quer verlaufenden Weg (**0**). Kurzwanderer marschieren links durch ein kleines Tal hinauf zur „Hausley" und weiter zur Ruine Olbrück. Rechts geht es über den Brohlbach hinweg nach Wollscheid. Wir bleiben auf dem „Brohlbachuferweg" und wandern weiter geradeaus. Wenig später lichtet sich der Baumbestand. Oberhalb der Viehweiden tauchen rechts die ersten Häuser von Wollscheid auf. Der Weg führt mitten durch Streuobstwiesen und Pferdekoppeln hinüber zur Verbindungsstraße zwischen dem Flecken Wollscheid und dem Weiler Heulingshof. Ein paar Meter folgen wir der Straße nach rechts. Wir werfen kurz einen Blick zurück. Hoch über dem Tal wacht Ehrfurcht gebietend die trutzige Kulisse der Burg Olbrück.

Nachdem wir den Brohlbach überquert haben, folgen wir ihm nun auf dem rechten Ufer in westlicher Richtung. Hier oben plätschert er als klares Bächlein zwischen den Inseln aus gelbem Hahnenfuß und blauem Vergissmeinnicht inmitten einer idyllischen Wiesenlandschaft. Kurze Zeit später umschließt uns schattiger Buchenwald. Je höher wir in das immer enger werdende Tal vordringen, desto steiler wird der Weg. Schließlich tauchen Gärten und Gebäude vor uns

Die Brohlbachquelle – beliebtes Wanderziel in Hannebach

Brohltal

Unterwegs im oberen Brohltal

auf. Wir sind in Hannebach angekommen, dem kleinen Ort am Ende des Brohltals. Gegenüber des alten „Antoniushofes" (11./12. Jh.) haben die Dorfbewohner ein lauschiges Plätzchen mit Tischen und Bänken angelegt. Eine gemauerte Brunnenfassung stellt die Brohlbachquelle dar, wenngleich das eigentliche Quellgebiet gut 500 Meter nordwestlich der Anlage in einem Sumpfgelände liegt. Auf einer Basalttafel steht der Spruch eingemeißelt „Dich grüß ich und preis ich, du herrliches Land, vom Brohlbach durchflossen, im Eifelgewand". Nach kurzer Rast geht es über die an Wochenenden viel befahrene „Brohltalstraße" hinweg in südlicher Richtung an der Bushaltestelle vorbei durchs Dorf. Am alten Basaltkreuz von 1765 wandern wir geradeaus weiter. Hinter den letzten Häusern führt der asphaltierte Feldweg hinauf zum Steinfeld, wo uns in über 500 Metern Höhe ein wunderbarer Panoramablick über das obere Brohltal erwartet. Durch offenes Acker- und Wiesengelände laufen wir hinüber zum Buchhof. Hier treffen wir auf den quer verlaufenden „Brohltalweg" (**B**), dem wir nun nach links in nordwestlicher Richtung folgen. Durch den Wald geht es auf dem breiten Weg zügig bergab. Als der Wald sich lichtet, taucht plötzlich vor uns die markante Silhouette der Burg Olbrück auf.

Von links gesellen sich wieder die Kurzwanderer zu uns. Durch ein kleines Tal geht es hinüber nach Hain, dem idyllisch am Fuß der Olbrück gelegenen Eifelflecken hoch über dem Brohltal.

Von hier aus lohnt der Abstecher hinauf zur Ruine. Vom Bergfried hat man einen einzigartigen Ausblick über das gesamte Gebiet zwischen Laacher See und Siebengebirge. Bei guter Sicht erkennt man sogar den Kölner Dom in gut 80 Kilometer Entfernung am Horizont.

*Leben und Tod –
Steinkreuz in Hannebach*

Zurück in Hain wandern wir durch die „Dürenbacher Straße" bergab nach Niederdürenbach. Nachdem wir den Brohlbach wieder überquert haben, laufen wir links auf dem „Brohlbachuferweg" weiter bis zum Ausgangspunkt unserer heutigen Tour.

Start / Ziel: Parkplatz an der „Olbrückhalle" in Niederdürenbach

Kategorie: Leichte Rundwanderung, variabel 7 oder 12 Kilometer, ganzjährig begehbar, witterungsunabhängig, gut geeignet für Kinder (mit Burgbesichtigung, Spielplatz)

Einkehrmöglichkeiten / Besonderheiten: Burgschänke „Kastellaney" auf Burg Olbrück, alternativ Rucksackverpflegung

Anfahrt:
Autobahn A 61 – Anschlussstelle Niederzissen – Niederzissen – Bundesstraße B412 – Oberzissen – Niederdürenbach – der Ausschilderung „Ohlbrückhalle" folgen
Bahn/Bus: Ab DB-Bahnhof Brohl/Rhein mit dem Linienbus bis Niederdürenbach

Tipp: An Wochenenden mit dem „Vulkanexpress", der Brohltaleisenbahn, von Brohl am Rhein bis Oberzissen fahren und von dort auf dem „Brohlbachuferweg" weiter wandern (+ 3,5 km gesamt).

Information: Wanderkarte 1:25 000 des Eifelvereins Nr. 10 „Das Brohltal", Fremdenverkehrsverband Brohltal e.V., Kapellenstraße 12, D-56651 Niederzissen, Telefon 0 26 36 - 194 33, Fax 0 26 36 - 801 46, tourist@brohltal.de

Brohltal

Grandiose Aussicht

Die Burgruine Olbrück lädt zum Besuch ein

Vermutlich hatten bereits die Römer auf dem Phonolithkegel hoch über dem Brohltal einen Wach- und Signalturm (lat. *Specula* = Warte) errichtet. Die spätere Burg Olbrück, heute Wahrzeichen des Brohltals und als markanter Punkt weithin sichtbar, wurde um 975 von den Grafen von Wied erbaut. Die Burg mit dem mächtigen, 34 m hohen Wohnturm ist die einzige Eifeler Höhenburg, die vom Rhein aus zu sehen ist. Die große Anlage mit Turm, Palas samt Ecktürmen und Vorburg gibt immer noch ein eindrucksvolles Bild von der Bedeutung der Reichsherrschaft Olbrück und ihrer mächtigen Herren. Die Burg ging von den von Wieds in den Besitz der Ritter von Eich und darauf in den der Herren von Bassenheim über. Zur napoleonischen Zeit verkaufte die französische Besatzungsmacht die Burg auf Abbruch. Ab 1815 gehörte die Burganlage dem preußischen Staat, der den weiteren Abbruch verhinderte. Um 1878 erwarb der baltische Baron von Eckesparre, ein Nachfahre der Ritter von Eich, die Burg und trug zum Erhalt der Anlage bei. Nach seinem Tod verkauften die Erben die Burg Olbrück.

Seit dem Herbst 2001 ist die Burganlage wieder für Besucher zugänglich. Bei einem Rundgang erlebt er mittels audiovisueller Technik eine spannende Zeitreise durch Jahrtausende aufregender Erd- und Kulturgeschichte. In der „Kastellaney" besteht die Möglichkeit zum kurzen Rasten, bevor der Aufstieg auf den Bergfried mit seinen 150 Stufen in Angriff genommen wird. Unterwegs in den Gewölbestuben des Turm kann man die Geschichte der Bug erfahren. Oben angekommen, bietet sich dem Besucher eine die eindrucksvollsten Aussichten auf die östliche Eifel. Bei guter Sicht kann man sogar den Kölner Dom am fernen Horizont erkennen.

Öffnungszeiten der Burganlage: März-Oktober 9-18 Uhr, Dezember, Februar 10-16 Uhr, im Januar geschlossen. Im Anschluss an die Öffnungszeiten bleibt die Burgschänke „Kastellaney" bei Bedarf geöffnet. Das Burgtor schließt um 22 Uhr.Es wird Eintritt erhoben, Sonderführungen nach Vereinbarung.

Information und Kontakt: Führung und Information nach Anmeldung unter: Burg Olbrück, 56651 Niederdürenbach-Hain, Telefon 0 26 36 - 80 01 56 oder 0 26 36 - 194 33 (Tourist-Information Brohltal)

Zeugen mittelalterlicher Burgherrlichkeit –
die trutzigen Reste des ehemaligen Pallas

Einst Zeichen der Macht –
heute touristische Attraktion

Schmalspurromantik pur

Mit dem „Vulkan-Express" unterwegs durch die Eifel

Seit über 25 Jahren befördert der „Vulkan-Express" der „Interessengemeinschaft Brohltal-Schmalspureisenbahnen e.V." jährlich Tausende Ausflügler von Brohl am Rhein durch das romantische Brohltal auf die Eifelhöhen hinauf. Ob mit Dampf- oder Dieselkraft angetrieben, zuckelt die bunte Sammlung historischer Schienenfahrzeuge gemütlich mit maximal 20 km/h auf Schmalspurgleisen dahin. Unterwegs hält sie an allen touristisch interessanten Punkten, um Wanderern, Spaziergängern oder Radfahrern Gelegenheit zum Aus- oder Zusteigen zu gewähren.

Zunächst geht es am Brohlbach entlang, vorbei an der Schweppenburg und der Mosenmühle, um am Haltepunkt Jägerheim kurz zu verschnaufen. Über das „Brohlbachviadukt" und durch den über 100 Meter langen „Tönissteiner Tunnel" rattert der Zug weiter zum Bahnhof in Burgbrohl. Vorbei an freundlich winkenden Menschen schaukelt das Bähnchen anschließend an Weiler vorbei, unter der Autobahnbrücke hindurch nach Niederzissen. Kurze Zeit später, in Oberzissen, ist für die urigen Dampfloks Endstation. Hier beginnt die Steilstrecke (5,5 Kilometer) an Brenk vorbei hinauf nach Engeln, das aus Sicherheitsgründen nur mit Dieselbetrieb erreicht wird. 400 Meter Höhenunterschied werden in anderthalb Stunden überwunden. Ein Restaurationsbetrieb und der „Geo-Spielgarten" am Zielbahnhof helfen, die Zeit bis zur Rückfahrt zu überbrücken

Wer möchte, startet den Rückweg mit dem Fahrrad, das der „Vulkan-Express" kostenlos befördert hat, oder wählt den Vulkanweg, um zurück ins Rheintal hinunter zu gelangen. Wem das zu anstrengend ist, fährt nach einer halben Stunde wieder mit der Bahn zurück und genießt die grandiose Kulisse des Brohltals möglicherweise bei einem kühlen Bier, das im Rahmen des Getränkeservice dem Fahrgast serviert wird. Für Familien mit Kindern gibt es vergünstigte Fahrpreise. Kleinkinder reisen kostenlos mit.

Information: Touristinformation Brohltal / Vulkan-Express, Kapellenstraße 12 (Rathaus), 56651 Niederzissen, Telefon 0 26 36 - 80 303, Fax 0 26 36 - 80 146, Fahrplanansage: 0 26 36 - 80 500, e-mail: buero@vulkan-express.de, www.vulkan-express.de

*Touristische Attraktion
für Jung und Alt –
Dampflokfahrten
durchs Brohltal.*

*Blick vom Leilerkopf nach
Westen über das Vinxtbachtal*

Zwischen Helau und Alaaf

Geschichte(n) erleben zwischen Vinxt- und Brohltal

Etwas abseits der Touristenströme erstreckt sich auf der Höhe zwischen Rhein-, Brohl- und Vinxtbachtal ein leicht nach Südwesten abfallendes Plateau. Die höchste Erhebung ist der weithin sichtbare, an einen Bergfried erinnernde Wasserturm von Niederlützingen.

Das war nicht immer so. Zu Beginn des 20. Jahrhunderts war dieses Gebiet noch ein Teil des „Kegelspiels", wie die Romantiker seinerzeit das Laacher-See-Vulkangebiet beschrieben haben. Die damals landschaftsprägende Basaltkuppe des Steinbergskopfes (die „Kapp"), die Schlackenkegel des Leilerkopfes (auch Leitenkopf)und des Herchenberges verschwanden innerhalb weniger Jahrzehnte. Erst vor ein paar Jahren besiegelte man auf gleiche Weise das Schicksal des Kunkskopfes auf der gegenüber liegenden Seite des Brohltals. Zurück blieben gigantische Löcher, offene Wunden in der sie umgebenden Kulturlandschaft. Was ist geschehen? Die unersättliche Nachfrage der Bauindustrie nach den Schätzen des quartären Vulkanerbes, insbesondere in der Zeit des Wiederaufbaus nach dem 2. Weltkrieg, intensivierte ihren Abbau. Unterstützt durch den technischen Fortschritt der Abbau-

und Transportgeräte verschwanden in kurzer Zeit riesige Mengen an Lavasand und Basaltsteinen in den Bäuchen der Frachtschiffe, die in Brohl und Andernach bereits auf die begehrte Ladung warteten. Von hier aus ging die Reise nach ganz Westdeutschland und zu den westlichen Nachbarn. Große Basaltblöcke aus dem Rheinland bilden heute einen wesentlichen Bestandteil des Küstenschutzes an der niederländischen und deutschen Nordseeküste.

Wiederherstellen lässt sich die einmal zerstörte Landschaft nicht. Früher verfüllte man die Löcher mit Müll und Industrieabfällen. Heute begnügt man sich mit Sicherungsmaßnahmen. Erfahrungsgemäß entwickeln sich in alten Steinbrüchen und Gruben relativ schnell „Sekundärlebensräume". Zuerst sind es Wärme liebende Wildkräuter wie Mauerpfeffer, Fetthenne und Natternkopf. Birken und andere Pionierpflanzen siedeln sich auf den trockenen Sandböden an. Ihnen folgen Insekten, Eidechsen und Nager. Die wiederum dienen seltenen Beutegreifern als Nahrung. Im Gebiet des Niederlützinger Leilerkopfes lebt heute wieder der Uhu. Die Natur wusste sich schon immer zu helfen...

Wir beginnen unsere Rundtour auf dem Parkplatz am Leilerkopf, gleich neben der Straße, die die beiden Ortsteile Brohl und Niederlützingen verbinden. Vom beschilderten Aussichtspunkt am oberen Rand des alten Steinbruchs genießen wir den wunderbaren Blick nach Süden über das untere Brohltal und das Pöntertal. Anschließend wandern wir nur ein paar Schritte an der Straße rechts hinunter in Richtung Rhein und biegen in den ersten Feldweg nach links ab. Vor uns liegt nun das Vinxtbachtal, eines der landschaftlich reizvollsten Täler der Eifel.

Hinter dem ungewöhnlichen Name „Vinxt" verbirgt sich eine Ableitung des lateinischen Wortes „finis", was so viel wie Ende oder Grenze bedeutet. So eine Grenze bildet tatsächlich der Verlauf des unscheinbaren Vinxtbachs seit vielen Jahrhunderten. Ursprünglich trennte er die römischen Provinzen Nieder- und Obergermanien. Hier verlief auch über einen langen Zeitraum die Grenze der Diözesen Köln und Tier. Das machte ihn im Laufe der Zeit sowohl zur Sprach- als auch zur Brauchtumsgrenze. Nördlich dieser Grenze wird der rheinisch-kölnische Dialekt gesprochen. Deshalb schreien die Narren dort in der „fünften Jahreszeit" lauthals „Alaaf" und trinken überwiegend Kölsch. Südlich des Vinxtbachs ist dagegen „Helau-Gebiet", denn dort im „Bitburger Land" dominiert der moselfränkische Dialekt. Ähnliches Durcheinander erlebt man beim Bäcker: Bestellt

Brohltal

Durch Streuobstwiesen wandern ins Tal

man im Süden ein Schwarzbrot, bekommt man ein Mischbrot aus Roggen- und Weizenmehl, auch Graubrot genannt. Im Norden wandert bei der gleichen Bestellung ein deftiges, dunkles Vollkornbrot über die Ladentheke. Leider wird dieses feinsinnige Einkaufserlebnis durch „Aldi und all die Anderen" immer seltener.

Wir marschieren an der großen Feldscheune vorbei und biegen auf dem nächsten Weg nach links ab. Durch die Streuobstwiesenlandschaft mit ihren glückliche Kühen und Freizeitpferden wandern wir in westlicher Richtung weiter. An der nächsten Wegekreuzung halten wir uns rechts und wenig später führt ein schmaler Pfad nach rechts in die Büsche talwärts. Hier sagen sich nicht nur Fuchs und Hase Gute Nacht, sondern die Wühlspuren am Wegrand verraten auch, dass eine Rotte Wildschweine vor uns da war. Die „Schwarzkittel" fühlen sich seit vielen Jahren in dem dicht bewaldeten Gelände vor allen Nachstellungen der Jäger absolut sicher und finden überall reichlich Nahrung. Von einer zufälligen Begegnung mit Wanderern geht keine Gefahr aus.

Der Weg führt hinunter ins Bächental, einem kleinen Nebental des Vinxtbachs. Unten angekommen, folgen wir dem schmalen, fast zugewachsenen Pfad durch das dichte Unterholz nach rechts. Nach einiger Zeit lichtet sich der dichte Wald. Wir überqueren die Viehweiden nach links und folgen dem Weg bis zur Landstraße L87, die vom Rhein kommend am Vinxtbach entlang hinauf nach Königsfeld führt. Ein kurzes Stück laufen wir am Straßenrand nach rechts, überqueren den Bachgrund und biegen am Fuß des gegenüber liegen-

Gönnersdorf – liebens- und lebenswert

den Hanges an der dicken Eiche nach links auf den Waldweg Richtung Gönnersdorf ab. Wir haben soeben die alte Grenze überschritten, ohne es zu merken.

Nach gut einem Kilometer erreichen wir eine hübsch gelegene Bank am Waldrand. Die kleine Pause mit dem Blick über die Wiesen im stillen Talgrund tut gut. Danach geht es am Waldrand entlang weiter. Für den ambitionierten Naturfotografen gibt es hier das ganze Jahr über interessante Pflanzenportraits abzulichten. Im Sommer sind es vor allem die eleganten Blüten der Waldrebe, im Herbst die Fruchtstände des Pfaffenhütchens oder der Stieleiche, die sich an dieser Stelle besonders üppig in Augenhöhe präsentieren.

Wir sind in Gönnersdorf angekommen, einem hübschen kleinen Eifeldörfchen, das sich bemüht, seinen rund 600 Bewohnern möglichst liebens- und lebenswert zu erscheinen. Wir wandern auf der Hauptstraße durch den Ort nach Südwesten. Noch gibt es einen „Tante-Emma-Laden" im Ort. Malerisch erhebt sich das kleine Kirchlein „St. Stephanus" über den roten Dächern. Jahrhunderte lang war Gönnersdorf eine selbstständige Pfarrei, zu der auch der Rheinort Brohl gehörte. Um ihren kirchlichen Pflichten nachzukommen, mussten die Brohler jedes Mal den langen und je nach Witterung beschwerlichen Weg ins Vinxtbachtal nehmen. Deshalb errichteten sie 1680 eine eigene Kapelle – allerdings „schwarz". Dieser Missachtung der Obrigkeit folgte ein langer Kampf um mehr Selbstständigkeit und Unabhängigkeit, der erst zu Beginn des 19. Jahrhunderts zu einer Loslösung von der Pfarrei Gönnersdorf führte.

Am Heiligenhäuschen mit der Mutter Gottes biegen wir nach rechts auf den „Zissener Weg" und hinter dem letzten Wohnhaus wenig später nach links auf einen Feldweg, der uns in ein kleines Tal führt, an dessen Ende sich der Bausenberg erhebt. Vor vielen Millionen Jahren ergoss sich ein rot glühender Magmastrom aus dem Bausenbergkrater bis hinunter an den Vinxtbach, der nun den lang gestreckten Höhenrücken am rechten Rand des Tales bildet. Vereinzelt entdecken wir im verbuschten Gelände das dunkle Gestein, das nach dem Erstarren der vulkanischen Magma übrig blieb. Jenseits des Tales liegt der „Streitbüsch", ein Laubwaldgebiet, um das es in den vergangenen Jahren tatsächlich zu einigen Auseinandersetzungen gekommen ist. Doch davon später. Weiter oben im Tal stoßen wir wieder auf den „Zissener Weg", dem wir bis zur nächsten Kreuzung folgen. Dort quert der einst für die Region wichtige Fuhrweg von Waldorf herauf kommend unseren Weg. Wir halten uns links und

Brohltal

Altes Steinkreuz am Rand des Scheid

wandern hinüber zum Waldrand (**10**), wo ein altes, von eisernen Klammern zusammen gehaltenes Basaltkreuz steht.

Wir befinden uns auf historischem Terrain. Beim Bau der Autobahn A61 fand man hier oben „Auf dem Scheid" unterhalb des Bausenberges die Überreste eines römischen Gutshofes sowie ein umfangreiches fränkisches Gräberfeld. Wie bereits erwähnt, wurde hier auch in jüngster Zeit Geschichte geschrieben. Mitten im Wald erinnert eine Basaltsäule, umgeben von fünf weiteren Basaltblöcken, vom hartnäckigen Kampf der Bürgerinitiative „Rettet den Scheid" gegen die Kreisverwaltung in Ahrweiler. Aus den fünf umliegenden Gemeinden gebildet, wehrte sie sich erfolgreich von 1988 bis 2001 gegen die Pläne der Obrigkeit, an dieser Stelle eine gigantische Mülldeponie zu errichten.

Auf der Höhe stoßen wir auf eine markante Wegekreuzung. Wir wandern nach links in östlicher Richtung auf dem „Rhein-Maas-Weg" (**B2**, ▶) weiter. Nach etwa 500 Metern gelangen wir zur Dreifaltigkeitskapelle am Waldrand. Alljährlich am Dreifaltigkeitssonntag im Juni kommen die Gläubigen der umliegenden Kirchengemeinden in einer Sternwallfahrt an diesen friedlichen Ort, um gemeinsam eine Heilige Messe im Freien zu feiern. Die Tradition stammt wahrscheinlich noch aus der Zeit, als jährlich Flur- und Bittgänge sowie Hagelprozessionen im Freien durchgeführt wurden.

Wir wandern nun halb rechts am kleinen Wäldchen vorbei auf die Höhe des Herchenberges, oder besser, was noch von ihm übrig ist. Im Gegensatz zum Leilerkopf wird die Schaumlava aus dem Innern des erloschenen Vulkans noch heute abgebaut. Einst war der Herchenberg einer der schönsten und landschaftsprägenden Vulkankegel im „Kegelspiel" des Laacher-See-Vulkangebietes. Alle Bemühungen, wenigstens Teile dieses Naturdenkmals zu retten, schlugen fehl. Die Bergrechte der Steine- und Erdenindustrie waren stärker als der Bürgerwille. Die Nachfrage nach Lavasand (Lavalith) ist nach wie vor ungebrochen. Und schließlich kann man vulkanische Produkte nur dort abbauen, wo sie vorkommen. Uns bleibt nur der Blick über den Schutzzaun am Aussichtspunkt am Weg, wo uns eine Schautafel über die erdgeschichtlichen Besonderheiten des Herchenberges aufklärt. Besonders reizvoll ist der Ausblick von hier oben über das Vinxtbachtal hinweg nach Osten auf das Siebengebirge und das gesamte rechtsrheinische Höhenpa-

*Blick vom Herchenberg
nach Osten auf die Lützinger Höhen*

norama zwischen Bad Honnef und Neuwied. Mit diesem Anblick vor Augen umrunden wir ein kleines Tal. Dann verlassen wir den Hauptweg nach links, um von dort aus wenige Meter später nach rechts an den Streuobstwiesen entlang in östlicher Richtung weiterzulaufen. Der Waldrand und die angrenzenden Flächen sind seit Jahren das bevorzugte Jagdrevier des seltenen „Roten Milan", dem wohl elegantesten Greifvogel im Eifelgebiet. Auch der kleinere Falke hat hier sein Brutgebiet. Rüttelnd „steht" er über dem Wiesen- und Ackergelände, um sich dann pfeilschnell auf seine bevorzugte Beute, die Feldmaus, zu stürzen. Es lohnt sich für den aufmerksamen Wanderer, ein Auge für die „Ritter der Lüfte" zu haben und sie bei ihrer geschickten Jagd zu beobachten.

Der Weg führt uns nun nach rechts Richtung Oberlützingen. Am Wasserhäuschen neben dem Bolzplatz gibt es zwei Alternativen für den weiteren Weg. Der kürzere verläuft weiter an den Streuobstwiesen entlang auf dem asphaltierten Wirtschaftsweg direkt nach Niederlützingen. Die zweite Möglichkeit führt uns in den Ortskern von Oberlützingen mit dem gigantischen Bruchstück aus dem alten Mühlsteinbruch am Herchenberg in der Ortsmitte und vorbei an der Dorfkirche „St. Martin" ins Neubaugebiet „An den Kirschbäumen". Auf der gleichnamigen Straße biegen wir nach links ab und gelangen weiter durch die Straße „Im Wingert" an den südwestlichen Orts-

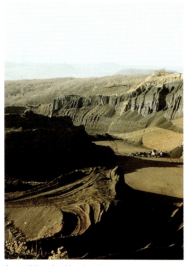

Lavaabbau im Herchenberg

Gigantisches Bruchstück aus dem ehemaligen Mühlensteinbruch am Herchenberg in Oberlützingen

rand. Hier genießen wir den Blick auf das obere Brohltal mit seinem Wahrzeichen, der alles beherrschenden Burgruine Olbrück. Der schmale Feldweg führt uns hinauf auf den „Wingertsberg". Wie der Name verrät, wurde auf dem nach Süden zum Brohltal abfallenden Hang über Jahrhunderte Wein angebaut. Reste der alten Trockenmauern sind heute noch gut erhalten. Wir folgen dem schmalen Feldweg (**2**) an der Hangkante in südöstlicher Richtung bis zur Grillhütte. Von hier erfreuen wir uns erneut am Ausblick nach Süden über das Brohltal hinweg. Weiter geht es in östlicher Richtung an Streuobstwiesen und Viehweiden entlang, unter der gewaltigen Anlage der Überlandleitung hindurch, die hier wie eine riesige Hängebrücke das gesamte Brohltal überspannt. Wenig später biegen wir auf einen Feldweg nach links ab und erreichen bald darauf den Ortsrand von Niederlützingen über eine alte Obstbaumallee. Nicht umsonst heißt die Gemarkung „Am Eifelblick".

Am gegenüber liegenden Ende des Ortes mit seiner Kirche „St. Lambertus" weist unübersehbar der alte Wasserturm den Weg zu unserem Ausgangspunkt. Im Dorf bietet der ländlich-rustikale Gasthof „Luzencia" die Möglichkeit zur Einkehr.

Bevor wir uns auf den Heimweg machen, erwartet uns ein letzter Höhepunkt. Noch einmal präsentiert sich der weite Blick ins Vinxtbachtal von einem der schönsten Aussichtspunkte zu unserer Linken. Das Siebengebirge und die rechtsrheinischen Höhen oberhalb von Rheinbrohl, über die einst der römische Limes verlief, liegen zum Greifen nah vor uns. Warum noch in die Ferne schweifen...?

Start / Ziel: Parkplatz am Leilerkopf bei Niederlützingen (Brohl-Lützing)

Kategorie: Leichte Rundwanderung, variabel 13 oder 16 Kilometer, ganzjährig begehbar, witterungsunabhängig

Einkehrmöglichkeiten / Besonderheiten: In Niederlützingen „Gasthof Lucenzia", alternativ Rucksackverpflegung

Anfahrt: Autobahn A 61 – Anschlussstelle Niederzissen – Burgbrohl Bundesstraße B412 – links auf Kreisstraße K69 abbiegen – Ortsteil Burgbrohl-Lützingen (Oberlützingen) – Brohl-Lützing (Ortsteil Niederlützingen) – durch den Ort hindurch – 300 Meter der Ausschilderung „Leilerkopf" folgen

Information: Wanderkarte 1:25 000 des Eifelvereins Nr. 10 „Das Brohltal", Fremdenverkehrsverband Brohltal e.V., Kapellenstraße 12, D-56651 Niederzissen, Telefon 0 26 36 - 194 33, Fax 0 26 36 - 801 46, tourist@brohltal.de

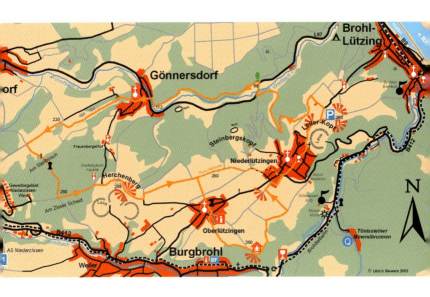

Weibern

Blick von der Hohen Ley
nach Norden zum Engelner Kopf

Steinreich zwischen Engeln und Weibern

Aussichten und Einsichten rund um das einst reichste Dorf der Eifel

Wer aufmerksam durch die Geschäftsstraßen und Villenviertel des Rheinlandes wandert, erkennt ihn sofort an seiner Farbe und seiner feinen Struktur. Gemeint ist der berühmte cremig-gelb schimmernde Weiberner Tuffstein, der sich bis zum Ausbruch des Ersten Weltkrieges 1914 als Bau- und Fassadenstein im In- und Ausland größter Beliebtheit erfreute. So wurde er z.B. beim Bau berühmter Kirchenbauten wie des Kölner Doms, der Basilika in Maria Laach und des Bonner Münsters verwendet. Aber auch in bekannten Profanbauwerken wie dem der St. Pauli-Landungsbrücken in Hamburg oder im Deutschen Museum in München finden wir das wertvolle Eifelgestein.

Tuff ist vulkanischen Ursprungs. Der Weiberner Tuffstein ist leicht zu bearbeiten und wegen seiner Feinkörnigkeit für feinste Bildhauerarbeiten bestens geeignet.

Bereits die Römer wussten diese Eigenschaften zu schätzen. Über 40 Meter beträgt seine Mächtigkeit in den Steinbrüchen am Leyberg. Ein wahrer Boom um den kostbaren Stein entwickelte sich gegen Ende des 19. Jahrhunderts. Um 1900 arbeiteten zuweilen mehr als 1700 Männer in den Weiberner Steinbrüchen und Steinmetzhütten. Andere verdienten ihren Tageslohn von knapp 80 Pfennigen als „Schürjer", wie man die Transportarbeiter damals bezeichnete. Weibern galt seinerzeit als wohlhabende Gemeinde mit einem der höchsten Steueraufkommen in der Rheinprovinz. Und manch Weiberner Unternehmer wurde im Sinne des Wortes „steinreich".

Stumpig Kreuz

Unsere Erlebnistour beginnt auf dem bekannten Wanderparkplatz am „Stumpig Kreuz" an der Straße von Wehr nach Rieden. Den wenigsten Mitmenschen, die von hier zu Fuß oder mit dem Fahrrad zu ihrem Ausflug in die Vulkaneifel aufbrechen, ist die historische Bedeutung des Basaltkreuzes unmittelbar neben der Straße bewusst. Wir erkennen die in den Stein eingemeißelte Jahreszahl 1702 und der Name des Stifters CIRVAS THOLL. Die Umrisszeichnung auf dem Kreuzschaft führte bei den Chronisten der umliegenden Gemeinden zu allerlei Vermutungen. Manche deuteten das Symbol als Abbildung des Heiligen Rocks von Trier oder als Namenszeichen des Stifters. Richtig dürfte die Annahme von Müller-Veltin in seinem Buch „Mittelrheinische Steinkreuze aus Basaltlava" sein. Demnach wurde 1702 ein neues Kreuz an der Stelle eines älteren errichtet, das bereits in einer Grenzbeschreibung von 1562 als „stumpfig" oder „weerer creuz" erwähnt wird und an einem wichtigen Punkt stand, an dem Wege in sechs Richtungen abgingen. Bei der Darstellung auf dem Kreuzschaft handelt es sich offenbar um ein Tau-Kreuz, auch Antonius-Kreuz genannt. Diese Schutzkreuze sollten im Mittelalter die Vorüberziehenden insbesondere vor Pest, Mutterkorn-Vergiftungen und Tierseuchen bewahren. Das Tau-Kreuz ist außerdem das Zeichen der Antoritermönche und des Franziskanerordens.

Nach dieser kleinen Lektion in Sachen Kunst und Religion wandern wir auf dem „Rhein-Rureifel-Weg"(▶) schräg gegenüber vom „Stumpig Kreuz" am Waldrand entlang hinauf auf den Höhenrücken, der die Wasserscheide zwischen der Nette und dem „jungen" Brohlbach bildet. Von

Brohltal

Wolken jagen über den Vulkan-kegel des oberen Brohltals

hier oben haben wir einen fantastischen Panoramablick nach Norden und Osten bis hinüber auf die Höhen des Westerwaldes und des Siebengebirges. Unübersehbar sind allerdings auch die riesigen Windräder, die hier oben seit einiger Zeit den Horizont beherrschen. Wenn sie sich tatsächlich einmal drehen, jagen die gigantischen Schatten der surrenden Rotorblätter raubvogelgleich über die Wiesen und Felder am

Alter Kran am Ortseingang von Weibern

Abhang der Hohen Ley und versetzen alles was da „kreucht und fleucht" in Panik.

Der Hauptwanderweg biegt unterhalb der „Biokratenspargel" am steinernen Wegweiser nach links ab. Wir folgen dem Weg weiter geradeaus, der von nun an durch ein Kransymbol markiert wird. Nachdem wir den Fichtenwald unterhalb der Hohen Ley durchquert haben, eröffnet sich wieder ein neues Panorama. Unter uns liegt der Appentaler Hof, dahinter die Vulkankegel des oberen Brohltals mit seinem Wahrzeichen, der Burgruine Olbrück.

In der Ferne dahinter leuchtet weiß das „Berkumer Ei". Wenn dann auch noch Wolkenschatten über dieses herrliche Land jagen, gibt es für den ambitionierten Fotografen kein Halten mehr. Kaum hat er sich von einem Motiv getrennt, taucht wenige Meter weiter ein neues auf. Jetzt ist es die Hohe Acht und der Schöneberg mit seinem riesigen Fernmeldeturm, die den Hintergrund bilden. Und mitten drin, von saftig grünen Weiden, auf denen rote Limousinrinder grasen, liegt malerisch der Flecken Engeln, umrahmt von waldbedeckten Vulkankuppen. Im Tal leuchten die hellen Wände eines Tuffsteinbruchs. Unser Weg führt uns zunächst am Waldrand entlang und dann hinunter ins Tal. Vor uns taucht links zwischen den Birken ein alter, verrosteter Kran auf. Er steht am Eingang einer der wenigen Steinbrüche, die heute noch im Weiberner Tal betrieben werden. Der alte Kran hat längst ausgedient. Moderne PS-Ungetüme mit riesigen Hydraulikschaufeln laden die Steinkolosse mühelos auf die bereits wartenden Lastwagen. Ihre Fracht landet heute meistens bei Steinverarbeitern in Niedermendig.

Vor hundert Jahren war das alles ganz anders. Mit großen Derricks-kränen wurden die großen Steinblöcke aus den tiefen Steinbrüchen herausgehoben und auf stabile hölzerne Wagen verladen. Von mindestens zwei oder mehr Pferden gezogen, unter der Obhut erfahrener „Schürjer", ging der Transport zunächst durch das Tal hinauf zum Steineberger Hof. Von dort ging es auf holperigen Wegen entlang des Höhenrückens über Galenberg und Niederzissen durchs Brohltal zum Hafenort Brohl am Rhein. Dort wurde der Stein entweder weiterverarbeitet oder auf Kähne geladen, um z.B. auf der Dombauhütte in Köln zu landen. Auch Niedermendig und Kottenheim gehörten zu den Bestimmungsorten des Weiberner Tuffs. Steigende Transportpreise führten u.a. dazu, dass sich in Weibern eine eigene Steinmetzindustrie etablierte. Überall im Tal der Steinbrüche entstanden selbstständige Hütten, die hunderten von Steinmetzen ein Auskommen boten. Dann gelangten die „Segnungen" der industriellen Revolution auch ins obere Brohltal. Mit der Fertigstellung der Brohltalbahn von Brohl nach Kempenich gegen Ende der 20er-Jahre, jener einspurigen Schmalspurbahn, deren nostalgischer „Vulkan-Express" heute alljährlich zigtausend Touristen und Eisenbahnnostalgiker im Zuckeltempo von Brohl nach Engeln und wieder zurück befördert, kam das Ende der Selbstständigkeit für die „Schürjer", die meist aus dem „Zissener Ländchen" stammten. Die schoben fortan nur noch die tonnenschweren Loren mit dem Rohmaterial zu den Hütten im Weiberner Tal. Dank der sicheren und kostengünstigeren Transportmöglichkeit per Bahn gelangten nun fertige Produkte in den Brohler Hafen. Die Folgen des Zweiten Weltkriegs sorgten noch einmal für ein kurzes Aufblühen der Weiberner Steinin-

Brohltal

dustrie. Überall in Deutschland galt es, die im Bombenhagel zerstörten Fassaden wieder herzustellen. In den 60er-Jahren begann der Niedergang der Weiberner Hütten, denn die Nachfrage nach dem gelben Vulkangestein als Baumaterial für Neubauten war mittlerweile gering. Es traf sie alle, die Steinmetze, die Arbeiter im Steinbruch, die „Schürjer" und die Brohltalbahn. Am 1. Oktober 1974 wurde der Schienentransport zwischen Kempenich und Engeln endgültig eingestellt.

Am Orteingang von Weibern erwartet uns bereits das „Weiberner Schaufenster", eine Freilicht-Ausstellung am Straßenrand, die das Können und die Vielfalt des modernen Steinmetzhandwerks wirkungsvoll in Szene setzt. In Weibern existiert heute keine Hütte mehr. Dafür gibt es nun den „Steinhau-

Eingang zum „Weiberner Schaufenster"

erverein" mit seiner „Museumsinsel". Die Steinbrüche und die alten Einrichtungen der Steinhauerindustrie bilden ein Freilichtmuseum, durch das kompetente Wanderführer die wissensdurstigen Touristen begleiten. Im „Steinmetzbahnhof" wurde ein Informationszentrum eingerichtet. Außerdem gewährt uns der Weg durch den Ort mit seinen kunstvollen Tuffsteinfassaden tiefe Einblicke in die Kunst des einheimischen Handwerks. Beeindruckend ist vor allem die filigrane Ausführung der Mariensäule im Zentrum. Dort halten wir uns rechts und wandern an der Straße entlang Richtung Kempenich („Rhein-Rureifel-Weg" ▶).

Nach etwa 300 Metern geht es nach links ab. Jenseits des Weiberner Bachs wandern wir einen Kilometer am Hang entlang bis zur nächsten Wegekreuzung. Von nun an laufen wir ein Stück auf der ehemaligen Bahntrasse am Bach entlang (▶, 12). Dann schwenkt der Wanderweg nach links hinauf in ein kleines Tälchen. Am oberen Waldrand folgen wir der Wegemarkierung nach rechts und gelangen zum „Kreuzwäldchen" am Rand von Kempenich. Auf einem von hohen Bäumen beschatteten Hügel, dem „Kalvarienberg", thront die Kapelle der „Schmerzhaften Muttergottes". Als man in den Jahren 1873 bis 1881 die Anlage baute, traten Reste einer Burganlage zu Tage. Damals fand man die starken Fundamentmauern eines Gebäudekomplexes, die überall Spuren eines Brandes und einer gewaltsamen Schleifung aufwiesen. Erhalten ist noch ein neunzehn Meter tiefer Brunnen. Im Volksmund wurde der Ort schon immer die „Alte Burg" genannt. Näheres ist nicht bekannt.

An der Nachbildung der Lourdesgrotte vorbei wandern wir um das Kreuzwäldchen herum an der Wegegabelung nach rechts weiter und gelangen in den Ort.

Als Mittelzentrum mit etwa 1900 Einwohnern und knapp 700 Arbeitsplätzen zählt Kempenich zu den größeren Orten der Region. Im Mittelalter soll es sogar einmal Stadtrechte erlangt haben. Vermutlich hat sich Kempenich aus einer keltischen Siedlung entwickelt. Wahrscheinlich haben hier auch römische Siedler gelebt. Der Name Kempenich geht entweder auf das lateinische Wort „Campus" zurück, was so viel wie Feld bedeutet oder auf das Feld eines „Campinius", eines römischen Landmannes. Erstmals urkundlich erwähnt wird Kempenich im Jahre 1093. Neben der bereits erwähnten Burganlage wurde später eine weitere auf dem heutigen Burgberg errichtet. Hier herrschten verschiedene Adelsgeschlechter, zuletzt die Linie Eltz-Kempenich. Heute ist das Gelände im privaten Besitz und kann nicht besichtigt werden.

Wir halten uns rechts, laufen am großen Supermarkt vorbei und überqueren die Landstraße. Gegenüber wandern wir zum Burgberg hinauf und gelangen auf der Höhe zur Kapelle des Hl. Bernhard am alten Weg nach Maria Laach (Brohltalweg, **B**). An dieser Stelle hat 1147 der Zisterzienser Mönch Bernhard von Clairvaux die Ritter und Bürger des Kempenicher Ländchens zum 2. Kreuzzug aufgerufen. Gleichzeitig diente dieser Ort im Mittelalter auch als Gerichtsstätte. Die „1000-jährige" Gerichtslinde wird als „Sankt-Bernhardsbaum" im Kempenicher Burgfrieden von 1389 erwähnt. Von ihr ist heute nichts mehr zu sehen. Die jetzige Kapelle wurde Anfang des 17. Jahrhunderts errichtet. Verändert hat sich in den letzten Jahrzehnten vor allem die Landschaft zwischen Kempenich und Engeln. Der Bau der neuen Bundesstraße B412, der schnellen Verbindung zwischen der Autobahn A61 und dem Nürburgring, und die Flurbereinigungen haben zu neuen Wegverläufen geführt. Der alte Weg nach Maria Laach am Eichenwäldchen entlang führt nun kurz vor der Fahrbahntrasse nach links hinunter zur Unterführung und von dort hinauf zum Aussiedlerhof am Fuß des Engelner Kopfes. Unterhalb des Anwesens geht es nach rechts weiter. Zwischen weiten Weideflächen, auf denen ansehnliche Vieherden grasen, wandern wir in östlicher Richtung nach Engeln. Der kleine Ort macht einen offenen und freundlichen Eindruck. Die „Eifelstube" mit ihrer kleinen Terrasse lädt zur gemütlichen Rast ein. Der Wanderweg führt nach rechts hinunter aus dem Ort heraus und über die Wiesen zum Bahnhof Engeln, dem Endpunkt der Brohltalbahn. Neben einer

Brohltal

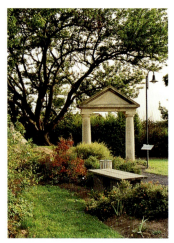

rustikalen Gastronomie bietet die Einrichtung des Brohltaltourismus einen „Geo-Spielgarten", der nicht nur für Kinder interessant gestaltet wurde. Der Besucher erfährt allerhand Wissenswertes über die Geschichte, die Bodenschätze und Besonderheiten des Brohltals. Den Ausblick vom kleinen Aussichtsturm sollte sich kein Wanderer entgehen lassen.

Nach diesem Erlebnis marschieren wir auf der anderen Seite der Gleise nach rechts auf dem Feldweg weiter. Die alten Basaltkreuze am Weg sind stumme Zeugen einer bewegten Geschichte in dieser alten Kulturlandschaft. Am kleinen Wäldchen vorbei gelangen wir hinüber zum Appentaler Hof mit

Im „Geo-Spielgarten" am Bahnhof in Engeln

seinen Pferdekoppeln. Wir durchqueren das offene Hofgelände und biegen hinter der Maschinenhalle nach links auf den Feldweg ab, der parallel zur Bundesstraße B412 nach Osten führt. Nach gut einem Kilometer und nachdem wir die Zufahrtstraße zum Steinbergerhof gequert haben, endet der Feldweg an der Waldspitze am Fuß des Meirother Kopfes. Hier kommt von links die Landstraße L114 von Wehr herauf. Wir folgen ihr nun auf dem Vulkanweg nach rechts, unterqueren die Bundesstraße und folgen gleich dahinter auf der gegenüber liegenden Straßenseite dem v-förmigen Wegesymbol nach links. Ein kurzes Stück folgt der Wanderweg dem Verlauf der Straße und biegt dann

Handwerkliche Tradition – Das Ortswappen von Weibern aus Tuffstein

auf freiem Feld schräg nach rechts hinauf zum „Stumpig Kreuz", dem Ausgangspunkt unserer „steinreichen" Erlebnisse zwischen Engeln und Weibern.

Start / Ziel: Parkplatz am „Stumpig Kreuz" an der Kreisstraße K64/K19 zwischen Weibern und Rieden

---

Kategorie: Leichte Rundwanderung, 16 Kilometer, mit Besichtigung der Museumsinsel als Tagesausflug, ganzjährig begehbar, witterungsunabhängig

---

Einkehrmöglichkeiten / Besonderheiten: Im Café-Restaurant „Eifelstube" in Weibern (Telefon 0 26 55- 95 93 0, Fax 0 26 55 - 95 93 49, Di. geschl.) in Kempenich und Engeln, alternativ Rucksackverpflegung

---

Altes Basaltkreuz am Wegrand bei Engeln

Anfahrt :
Autobahn A 61 – Anschlussstelle Wehr/Nürburgring – Bundesstraße B412 –
Anschlussstelle Wehr/Weibern links auf Landstraße L114 abbiegen – 500 Me-
ter – links auf Kreisstraße K64/K19 Richtung Rieden –1 Kilometer – links auf
Parkplatz „Stumpig Kreuz"
Bahn / Bus: An Wochenenden morgens mit dem „Vulkanexpress" der Brohl-
taleisenbahn von Brohl am Rhein bis Bahnhof Engeln fahren und sich dort der
Rundtour anschließen (Rückfahrtzeit einplanen!)

Information: Wanderkarte 1:25 000 des Eifelvereins Nr. 10 „Das Brohltal",
Fremdenverkehrsverband Brohltal e.V., Kapellenstraße 12, D-56651 Niederzissen, Telefon 0 26 36 - 194 33, Fax 0 26 36 - 801 46, tourist@brohltal.de

Blasweiler

Abendsonne über dem Hannebacher Weg am Düsselberg bei Blasweiler

Stille Täler und einsame Höhen

Auf Entdeckungstour rund um Blasweiler

Im April des Jahres 1937 verbreitete sich das schlimme Gerücht in den Dörfern des Ahrgebirges wie ein Lauffeuer, die Hitler-Regierung im fernen Berlin habe beschlossen, das ganze Gebiet in einen Truppenübungsplatz zu verwandeln. Ein halbes Jahr später, am 27. November, war es amtlich. Der Reichsminister der Luftfahrt, Hermann Göring, befahl die vollständige Räumung von 12 Dörfern. Insgesamt waren 400 Familien mit über 2200 Personen von dieser Maßnahme betroffen. Eines dieser Dörfer war Blasweiler. Als am 23. Dezember 1939 die letzten Bewohner samt ihrem beweglichen Hab und Gut das Dorf verlassen hatten, war es in den Tälern totenstill geworden. Die Dreikönigsglocke, die seit dem 14. Jahrhundert in der Christnacht vom Turm der alten Dorfkirche die frohe Kunde der Geburt Jesu verkündet hatte, war für immer verstummt.
Erst sieben Jahre später, der Krieg und die Naziherrschaft waren längst vorbei,

wurden die mittlerweile zerstörten und von der Natur zurück eroberten Dörfer wieder zur Besiedlung frei gegeben. Aber nur wenige der früheren Bewohner sehnten sich in ihre alte Heimat zurück. An ihrer Stelle trafen im Frühjahr 1950 die ersten Ermländer ein, aus ihrer Heimat vertriebene katholische Bauernfamilien aus dem fernen Ostpreußen. Dank ihrer Tüchtigkeit blühten die verlassenen Siedlungen im Ahrgebirge wieder auf. Einige der Neusiedler sind heute sehr erfolgreiche Viehzüchter in dieser ansonsten eher kargen Wald- und Heidelandschaft abseits der Touristenzentren.

Unsere heutige Entdeckungstour beginnt am Parkplatz neben der Kreisstraße K52, knapp 800 m östlich der einsam gelegenen Gaststätte „Zum Amerikaner" an der Landstraße L83, die von Ahrweiler kommend über Ramersbach und Hannebach nach Kempenich bzw. zum Nürburgring führt. Zum Auftakt genießen wir den Ausblick auf die Ruine Olbrück im Brohltal. Auf der gegenüber liegenden Straßenseite laufen wir auf dem Wanderweg (**2**) am Waldrand entlang den Hang hinauf zunächst in nördlicher Richtung und dann an der Waldecke nach Südwesten. Nach etwa 100 m geht es halb rechts in den Wald, wo wir nach weiteren 100 m auf einen Querweg (**5**) stoßen, dem wir nach links bis zur Landstraße folgen. Nachdem wir die an Wochenenden stark frequentierte Straße überquert haben, folgen wir dem Waldsaum in westlicher Richtung. Dann wandern wir noch weitere 400 m am Hang entlang durch den Wald und biegen im spitzen Winkel nach links hinunter ins Tal. Unten stoßen wir auf einen breiten Querweg, auf dem wir nach rechts talabwärts weiter laufen. Orangerote Metallpfähle markieren hier den Verlauf der Rhein-Main-Rohrleitung (RMR). Mehrere Millionen Kubikmeter Mineralölprodukte werden durch diese unterirdische Pipeline vom Seehafen Rotterdam zu den Raffinerien im Rhein-Main-Gebiet und nach Ludwigshafen transportiert. Davon spüren wir allerdings nichts und genießen den Weg durch das menschenleere Eifeltal am Fuß des Mauchertsberges. Mit ein wenig Glück begegnen wir dem scheuen Rehwild oder einem einsamen Fuchs. Die zahlreichen Hochsitze am Weg lassen dies vermuten. Nach etwa einem Kilometer taucht im nunmehr von Wiesen gesäumten Talgrund ein Wochenendgrundstück mit einem Forellenteich auf. Hier führt ein schmaler Pfad nach links, auf dem wir den Bach überqueren. Hoher Buchenwald nimmt uns auf. Im kristallklaren Quellbach, der von links aus einem Seitental kommt, beobachten wir flinke Mühlkoppen auf ihrer blitzschnellen Jagd nach kleinen Wasserlebewesen. Auf dem Querweg wandern wir

Brohltal

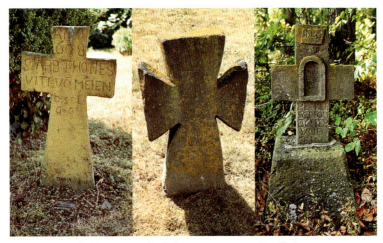

Grabkreuze aus alter Zeit
auf dem Friedhof von Blasweiler

Altes Flurkreuz an
der Kohlenstraße

anschließend rechts weiter am Hang entlang leicht bergauf. Gleich neben dem Holzlagerplatz auf der Höhe liegt der kleine Waldfriedhof von Blasweiler.

Vorbei an den idyllisch mitten in der Natur gelegenen Einfamilienhäusern gelangen wir auf dem Ermländer Weg in das kleine Eifeldorf. Die etwas älteren, eher schlichten Gebäude am Straßenrand stammen aus der Zeit der Neubesiedelung in den 50er-Jahren und haben typisch bäuerlichen Charakter. Von der Landwirtschaft ist allerdings heute in Blasweiler nicht mehr viel übrig geblieben. Ein paar Pferde, eine Handvoll Schafe und ein gutes Dutzend Rinder grasen verstreut auf den diversen Weiden im hügeligen Gelände rund um das Dorf. Im Mittelpunkt steht die alte Kirche „St. Margaretha", deren Geschichte bis ins 14. Jh. zurück reicht. Früher war sie als Pfarrkirche der geistige Mittelpunkt für alle umliegenden Pfarreien. Die uralten Grabkreuze im ummauerten Kirchhof sind stille Zeugen dieser Geschichte. Sie haben zusammen mit dem Kirchlein und dem Gebäude des früheren Wirtshauses die Zerstörungen während der Naziherrschaft überlebt.

Wir wandern in westlicher Richtung auf der Hauptstraße weiter. Gegenüber der Firma Filox biegen wir nach links in die „Pfarrer-Pörtner-Straße" und marschieren weiter geradeaus am Rand der Viehweiden entlang auf den Waldrand zu. Hier stoßen wir auf einen befestigten Wirtschaftsweg, auf dem wir nach links weiterlaufen. Der Weg führt mitten durch die Viehweiden hinauf zu einem Eichenwäldchen. Wir halten uns nun rechts. Der Ausblick von hier oben ist großartig. Auf dem Höhenrücken hinter Blasweiler liegt Ramersbach, rechts davon die von Heide bedeckte Höhe des Adert. Derartige Heidelandschaften bedeckten vor gut 60 Jahren das gesamte Wandergebiet. Links von uns liegt das Dörfchen Beilstein am Rand des Wacholdergebietes „Wiwelsberger Heide" (s. Lust auf Natur Bd. 1, „Erlebniswandern beiderseits des Rheins"). Die markante lang gestreckte Höhe dahinter ist der Nöllsnück, an dessen linken Rand der Steinerberg (s. Lust auf Natur Bd. 1, „Erlebniswandern beiderseits des Rheins") hervorlugt.

Wir wandern am Rand des Wäldchens weiter, bis wir auf den nächsten Querweg stoßen. Es ist die so genannte „Historische Straße", die dem Wanderer die Wacholderheiden rund um die Gemeinde Heckenbach erschließt. Wir folgen ihr nach links in südlicher Richtung. Eine Tafel am Waldrand informiert über die Veränderung des Landschaftsumfelds im Laufe der letzten Jahrzehnte.

Aus dem Tal schallt Hundegebell herauf. Es kommt vom „Eifelhof Frankenau", der seit einigen Jahren vom Tierschutzverein Bonn als Tierheim und -pension genutzt wird. An dieser Stelle befand sich vor der bereits beschriebenen Umsiedlungsaktion in den 30er-Jahren die Siedlung „Hundswinkel". Seit dem 13. Jh. taucht sie in den Kirchenbüchern auf. Wie in Blasweiler waren es auch Ermländer, die in dem

Spessart – im Hintergrund die Burgruine Olbrück inmitten der Vulkankuppen des oberen Brohltals

Brohltal

völlig zerstörten und herunter gekommenen Ort nach dem Krieg eine neue Heimat fanden. Seit dem Jahr 1963 heißt er Frankenau, obwohl der ursprüngliche Name heute viel besser passen würde.

Wenig später stoßen wir auf den asphaltierten „Hannebacher Weg", der von Blasweiler heraufkommend nach Cassel bzw. nach Hannebach im oberen Brohltal führt. An der Waldspitze des Düsselberges lädt eine Bank zur Rast. Von hier genießen wir einen der schönsten Ausblicke der Region über das Ahrtal und die Grafschaft hinüber zum Siebengebirge. Bei guter Sicht erkennen wir sogar die Sieghöhen dahinter. Nachdem wir unsere Rucksäcke geplündert haben, ziehen wir gestärkt auf der „Historischen Straße" weiter nach Süden. Nach knapp einem Kilometer gabelt sich der Weg. Geradeaus gelangt man über die Höhe direkt ins Brohltal, rechts geht es Richtung Cassel. Wir wählen den breiten Weg nach rechts. Die Verbissschäden an den jungen Bäumen zeigen, dass hier sehr viel Rotwild zuhause ist. Wer im Herbst unterwegs ist, findet zwischen den Blaubeerbüschen links des Weges an manchen Tagen köstlich schmeckende Steinpilze. Nach etwa 500 Metern öffnet sich der Wald. Eine große, offene Weidefläche liegt vor uns, Schauplatz manches erbitterten Zweikampf der Rothirsche während der herbstlichen Brunft. Hier, am Fuß des Bockshahn (643 m), biegen wir nach links ab und wandern immer geradeaus am Waldrand entlang und über die Höhe durch den Eichenbestand bis zum quer verlaufenden breiten Weg. Ein altes Basaltkreuz markiert die Stelle am Waldrand, wo wir nach rechts in nordöstlicher Richtung abbiegen.

Wieder wandern wir auf einem historisch bedeutsamen Handelsweg, der so genannten „Kohl- oder Kohlenstraße" (s. Lust auf Natur Bd. 1, „Erlebniswandern beiderseits des Rheins"). Sie kommt von der Hohen Acht herüber und folgt dem Höhenkamm, der die Wasserscheide zwischen Ahrtal und den Gewässern Nette und Brohlbach bildet zum Rhein hinunter. Güter aller Art, vorwiegend aber Holzkohle, Eichenlohe, Eisenerze und Rohleder gelangten auf diesem Weg aus dem rauen Eifelgebirge zu den Märkten ins Rheinland. Von hier oben hat man einen fantastischen Blick hinüber nach Kempenich und die Vulkankegel der östlichen Eifel.

Wer Lust und Laune auf eine deftige Brotzeit oder selbst gebackenen Kuchen und Kaffee verspürt, macht einen Abstecher hinunter ins nahe Dörfchen Spessart. Im Landgasthof „Zum Bockshahn" sind Wanderer stets gern gesehene Gäste.

Zurück auf der Kohlenstraße geht es noch gut zwei Kilometer bis „Zum Amerikaner", immer wieder den herrlichen Ausblick über das obere Brohltal genießend. Schräg gegenüber auf der anderen Seite der Landstraße L83 folgen wir dem Wanderweg (2) und gelangen so wieder zu unserem Ausgangspunkt. Ein letzter Blick hinunter ins Brohltal mit der Burgruine Olbrück rundet den schönen Wandertag ab.

*Die Olbrück im Licht
der Abendsonne*

Brohltal

Start / Ziel: Parkplatz an der Kreisstraße K52 von Niederdürenbach Richtung Bad Neuenahr-Ahrweiler – Oberdürenbach – ca. 2 km

Kategorie: Leichte Rundwanderung, 14 Kilometer, ganzjährig begehbar, witterungsunabhängig

Einkehrmöglichkeiten / Besonderheiten: Im Landgasthof „Zum Bockshahn" in Spessart (Telefon 0 26 55 - 94 139 0, Fax 0 26 55 - 94 139 39, Di. geschl.), alternativ Rucksackverpflegung

Anfahrt: Autobahn A 61 – Anschlussstelle Niederzissen – in Niederzissen rechts auf Bundesstraße B412 Richtung Nürburgring – Oberzissen – Niederdürenbach – am Ortsende rechts abbiegen Richtung Oberdürenbach/ Bad Neuenahr-Ahrweiler – Oberdürenbach – ca. 2 km, Parkplatz an der Straße oberhalb von Schelborn

Information: Wanderkarte 1:25 000 des Eifelvereins Nr. 10 „Das Brohltal", Tourismus und Service GmbH, Felix-Rütten-Straße 2, 53474 Bad Neuenahr-Ahrweiler, Telefon 0 26 41 - 97 73 0, Fax 0 26 41 - 97 73 73, info@wohlsein365.de, ww.wohlsein365.de

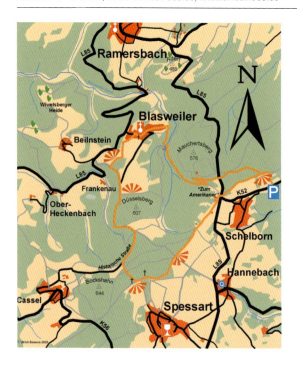

Das traditionelle Rücken der Baumstämme mit dem Pferd ist besonders umweltfreundlich und schont die empfindlichen Waldböden

„Buurebösch"

Nur ein Wald voller Bäume

Auf Entdeckungstour
zwischen Löhndorf und Königsfeld

Der Höhenrücken zwischen Ahr und Vinxtbach wird weitgehend von Mischwald, überwiegend Buchen und Eichen und Nadelgehölzen wie Fichte und Kie-
fer bedeckt. Bei Wanderern, Erholung suchenden Kurgästen aus Bad Neuenahr
und Freizeitsportlern wie Mountainbikern, Reitern und Joggern ist das gut aus-
gebaute Wegenetz durch die Waldgebiete ganzjährig sehr beliebt. Im Herbst gesellen sich außerdem noch Scharen von Pilzsammlern dazu. Dennoch gibt es für
den Naturfreund genügend Gelegenheiten, wild lebenden Tierarten zu begegnen und erstaunliche Entdeckungen am Wegrand zu machen.
Unsere Entdeckungstour beginnt an der Stelle, wo der „Ahr-Venn-Weg" (<,
Hauptwanderweg des Eifelvereins Nr. 11) auf der Höhe die Landstraße L83 von
Königsfeld nach Bad Neuenahr kreuzt. Die Gemarkung heißt „Auf dem Verbrannten" (357,4 m). Vermutlich rührt der Name aus der Zeit, als die Bauern in
dieser Gegend Rott- oder Schiffelwirtschaft betrieben. Dabei kam es schon ein-

mal vor, dass beim Abbrennen der Holzabfälle das Feuer außer Kontrolle geriet und auf den Waldbestand übergriff. Möglicherweise gab es hier oben auch einen durch Blitzschlag ausgelösten größeren Waldbrand.

Wir wandern auf dem Höhenkamm in nordöstlicher Richtung. Nach wenigen Minuten erreichen wir eine auffällige Baumgruppe inmitten einer Wegegabelung. Eine Buche und eine Eiche haben einander eng umschlungen. Links geht es hinunter zum Idienbach und weiter durch

Im Totholz entsteht neues Leben

das Tal nach Heimersheim. Am rechten Wegrand haben die „Eifelfreunde Heimersheim" 2003 neben dem alten Holzkreuz ein neues aufgestellt und eine überdachte rustikale Sitzgruppe geschaffen. „Wandern im Einklang mit der Natur" lautet ihr ins Holz geschnitzte Motto. Wir beherzigen ihren guten Rat dem Wegweiser folgend weiter geradeaus durch den dichten Wald in Richtung Löhndorf.

„Buurebösch" nennen die Einheimischen diesen Waldtypus, der überwiegend aus knorrigen Stockausschlägen von Buchen und Eichen besteht. Der Holzeinschlag dient seit jeher der Gewinnung von Brennholz und von Weidepfählen. Aus den verbleibenden Baumstümpfen suchen zunächst zahlreiche junge Triebe den Weg zum Leben spendenden Licht. Nur den stärksten gelingt dies, indem sie sich immer wieder drehen und wenden, um anderen, konkurrierenden Jungstämmen den Weg zu versperren. Im Laufe der Jahre entstehen dann die skurrilsten Baumformen, die in der Dämmerung oder im Nebel an geheimnisvolle Fabelwesen erinnern. Genau das macht diesen Wald so interessant, denn keines dieser Gewächse gleicht einem anderen. Außerdem bleiben viele Bäumchen, deren Jungtriebe im Kampf um das Licht aufgeben mussten, als Totholz zurück. Allerlei Pilzsorten, seltene Insekten wie z.B. der Hirschkäfer und nicht zuletzt der Waldboden selbst profitieren von diesem „Krieg der Bäume" ums Überleben.

Schloss Vehn

Wir erreichen unterhalb des Pflugskopfes (304 m) eine Wegekreuzung. Halb links geht es auf dem sogenannten „Weißen Weg" nach Heimersheim. Rechts führt der „Schöppenpfad" ins Tal und von dort weiter in Richtung Königsfeld. Der Name des Weges erinnert an den früheren „Schöppenhof", der nur wenige hundert Meter von dieser Stelle bis in die Mitte des 18. Jahrhunderts existierte. Damals waren die Höhen kaum bewaldet und im Tal rund um das frühere Anwesen lagen Felder und Viehweiden. Warum genau die früheren Bewohner ihren Hof aufgaben und was aus ihnen wurde, bleibt im Dunkeln. Vermutlich waren es die katastrophalen Folgen der Hunger- und Dürreperioden, die in den vorausgegangenen Jahrzehnten das Rheinland und die Eifel heimgesucht hatten. Zigtausende verließen damals ihre Heimat, um in Amerika oder anderswo eine neue Existenz zu gründen. Vom „Schöppenhof" ist nichts übrig geblieben. Hohe Fichten ragen dort auf, wo einst der Hahn auf dem Mist krähte, und Wildschweine nutzen die einsame Quelle im Wald als Suhle, die einst einen stolzen Hof mit Wasser versorgte.

Wir wandern über den Pflugskopf weiter Richtung Löhndorf. Die trichterförmigen Mulden am Weg sind übrigens keine Bombenkrater aus dem letzten Weltkrieg. Es handelt sich um so genannte „Pingen", kleine Grubenanlagen, die zur Förderung des Brauneisensteins dienten, der in der Gegend schon seit der Römerzeit abgebaut und zu Eisen weiterverarbeitet wurde (s. Lust auf Natur, Bd. 2, „Eisen für Rom"). An der nächsten Wegegabelung folgen wir halb rechts der vertrauten Wegemarkierung. Der Hohlweg führt leicht bergab mitten durch ein altes Schürfgelände. Rechts und links des Weges finden wir noch immer Gesteinsbrocken, die durch ihr hohes Gewicht und die rostbraune Färbung ihren hohen Gehalt an Eisen verraten. Wieder gabelt sich der Weg. Der Wegweiser führt uns nun vom Hauptwanderweg nach rechts Richtung Schloss Vehn. Es geht weiter bergab. War der Gesang der Waldvögel bisher unser ständiger Begleiter, wird er nun überlagert vom gedämpften Lärm der nahen Autobahn A61. Noch bevor er störend wirkt, öffnet sich der Wald.

Toreinfahrt zum Schloss Vehn

Eingebettet in Wiesen und Weiden liegt im Talgrund das in dichtem Grün versteckte Schloss Vehn. Wir wandern am Waldrand entlang nach rechts und stoßen unten auf die asphaltierte Zufahrt zum Schloss.

Nach dem Zusammenbruch der römischen Verwaltung und der fränkischen Landnahme taucht im 5. Jahrhundert erstmals ein „Hof von Vehn" in den Annalen auf. Die Bezeichnung „Vehn" (Venn) bedeutet so viel wie Schlamm, Morast, Sumpf (s. Lust auf Natur, Bd. 3, „Einsame Momente im Hohen Venn"). Vermutlich waren es fränkische Siedler, die hier den Bachgrund trocken legten und einen Gutshof errichteten. Im Jahr 1019 macht Erzbischof Heribert von Köln den Gutshof Vehn samt Kirche, Äckern, Weingärten und Wäldern der Abtei Deutz zum Geschenk. Unter der Leitung des Klosters gehören schon bald große Teile der heutigen Löhndorfer Gemarkung samt der „Ehlinger Mühle" (im Ahrtal) zum Gut Vehn. Ab dem 14. Jahrhundert wechselt der Besitz mehrfach. Unter der französischen Herrschaft gegen Ende des 18. Jahrhunderts verfällt der Besitz samt dem Eisenerzbergwerk, das 1781 in Betrieb genommen wurde. Die Grube wird unter den Preußen neu konzessioniert und gehört unter dem Namen „Henriette" zum Eisenhüttenwerk zu Sayn in Bendorf. Das marode Schlossgut wird 1846 von einem Bonner Kaufmann erworben, wechselt im Laufe der nächsten 100 Jahre noch mehrfach den Besitzer, bis es 1965 von dem bekannten Keksimperium Bahl-

Brohltal

sen gekauft wird. Seitdem ist Schloss Vehn erneut zu einem heimlichen Kleinod erblüht, das Besucher nur von außen mit einem kecken Blick über die Gartenmauer erspähen dürfen. Eine Besichtigung der Innenräume und der angebauten Kapelle ist leider nicht möglich.

Hinter dem Schlossgut geht es weiter auf dem leicht ansteigenden Wanderweg (**9**) Richtung Königsfeld. Die Stützmauern am Schlossgarten und die Wegebefestigung sind ein Hinweis auf den Basaltstein, der von 1921 bis 1939 aus dem Steinerkopf heraus geholt wurde. Die Basaltsäulen wurden zu Uferbefestigungen, Stützmauern, Grenzsteinen, Straßenpflaster oder gebrochen als Gleisschotter per Lkw nach Kripp an den Rhein verbracht und gelangten von dort per Schiff überall ins Deutsche Reich und in die Niederlande zur Deich- und Küstenbefestigung. Zahlreiche Männer aus Löhndorf und der näheren Umgebung fanden damals ihr Auskommen im Steinbruch und im Transportbetrieb. Übrig geblieben sind noch ein paar Gebäuderuinen an der nächsten Wegekreuzung, ein paar Mauern von der einstigen Verladeanlage und zwei wassergefüllte Löcher im Berg, die heute als Biotop Lurchen und Insekten als Lebensraum dienen. Unser Wanderweg führt aus dem Steinbruch hinüber zu einem gepflegten Fichtenbestand. Wie die Säulen eines Domes ragen die schlanken Stämme des Nutzwaldes kerzengerade nach oben.

Wir dürfen nicht vergessen, dass Wald auch etwas mit Wirtschaftlichkeit zu tun hat. Das Holz ist ein wertvoller, nachwachsender Rohstoff. Wildwuchs, wie der eingangs beschriebene Hauwald, bringt keinen nennenswerten Ertrag. Ein langer Atem, hoher Arbeitsaufwand und auch ein wenig Glück gehören dazu, einen Wald heute zu bewirtschaften. Die hohen Stickstoffmengen im Regenwasser lassen zwar die Bäume schneller sprießen, machen sie jedoch anfällig gegen Stürme und vor allem, wie im trockenheißen Sommer 2003, gegen den Borkenkäfer. Die Rindenstücke auf dem Waldboden der kleinen Lichtung am Wegrand zeigen deutlich die einem Labyrinth ähnelnden Fraßgänge der Larven zwischen dem Kernholz und der Borke. Ist der Baum erst einmal vom Käfer befallen, gibt es keine Überlebenschance. Er muss „ersticken", denn die Larven zerstören die Saft führenden Adern der Pflanze. Da hilft nur noch ein möglichst zeitnahes Fällen der Bäume und das sofortige Entfernen der Stämme aus dem Wald. Auch wenn sich Abnehmer für das Holz finden, ist der Wertverlust für den Waldbesitzer gravierend.

Die wie frisch umgegraben aufgewühlte Grasnarbe am Weg verrät, dass kurz zuvor eine Rotte „Schwarzkittel" vorbeigekommen ist. Auf der Suche nach Fressbarem sind die von ihnen angerichteten Schäden auf Wiesen und Äckern beträchtlich. Hier im Wald spielt das keine Rolle, zumal auch schädliche Engerlinge (die Larve des Maikäfers) und Mäuse auf ihrem Speiseplan stehen. Die grünlich glänzenden, kastaniengroßen Kotbällchen auf dem Weg stammen dagegen von anderen Waldbewohnern, dem Rothirsch. Hier im „Vehner Wald" lebt

Pause am Waldrand – im Vinxtbachtal liegt Königsfeld

ein großes Rudel. Der Wanderer, der sich ruhig verhält, kommt hin und wieder in den Genuss des Anblicks der scheuen Tiere, die in diesem Revier genügend Rückzugsräume finden, wo sie sich tagsüber aufhalten.

Am Ende des Fichtenbestandes biegen wir an der Wegekreuzung nach links ab. Hier stoßen wir wieder auf den eingangs beschriebenen „Bureböschˮ. Im Sommer dringt selten ein Sonnenstrahl durch das dichte Laubdach der Buchen. Deshalb wächst hier kaum junges Unterholz. Wir marschieren in südlicher Richtung auf dem Waldweg (**9**) bis zu einer Wegekreuzung, wo wir nach rechts zum hellen Waldrand abbiegen. Auf Streuobstweiden weiden bunte Rinder. Nach wenigen Metern biegen wir auf den von Brombeerhecken eingerahmten Feldweg nach rechts und folgen dem Waldsaum in nordwestlicher Richtung. Auf der Bank am Waldrand genießen wir nach den dunklen Stunden im Wald den herrlichen Panoramablick über Königsfeld auf die Höhen des oberen Brohltals. Links der waldbedeckte Vulkankrater des Bausenbergs bei Niederzissen, dahinter die „Bürstenhaarschnitt-Silhouetteˮ des Veitskopfs. Und mitten drin der majestätische Bergfried der Ruine Olbrück, das weithin sichtbare Wahrzeichen des Brohltals.

Brohltal

Es sind diese weiten Ausblicke, die immer wieder den besonderen Reiz der Eifellandschaft dokumentieren.

Nachdem wir dieses Erlebnis genossen haben, marschieren wir weiter. An der frei stehenden Eiche am Waldrand gabelt sich unser Weg. Wir halten uns halb rechts und gelangen wieder in den Buchenwald. Der leicht ansteigende Weg ist nicht länger mit einer Markierung versehen, aber wer die nun eingeschlagene Richtung beibehält, wird ihm leicht folgen können. Wer sich ein wenig umschaut, wird die längs des Weges verlaufenden Grabenlinien bemerkt haben. Es sind die

Reste einer gezielten Suche nach Brauneisenstein, der hier bereits knapp unter der dünnen Humusschicht ansteht. Der Eisengehalt ist zwar nur gering, reicht aber aus, bei Gewittern dafür zu sorgen, dass hier oben „Auf dem Verbrannten" recht häufig Blitze einschlagen. Ein niedriger Grenzstein am Wegrand verrät uns mehr. Unter den Buchstaben GH ist das typische „Hauer-Symbol" für den Bergbau eingemeißelt. Darunter liest man die Zahl 12. Gleich daneben steht eine kleine, sechseckige Basaltsäule. Der eine Grenzstein markiert die Grenze des Bergrechts der ehemaligen Grube „Henriette" (GH) und der zweite die Grenze der Gemarkung von Königsfeld.

Grenzsteine im Wald

Wir laufen offensichtlich entlang dieser Grenze auf dem schmalen Waldpfad, der nun eine leichte Biegung nach Westen macht. Kurze Zeit später taucht im Dunkel des Waldes rechts im Hellen der nun parallel verlaufende „Ahr-Venn-Weg" auf. Ein paar Meter weiter schwenkt unser Pfad dann auch nach rechts und wir stoßen wieder auf den uns bekannten Weg. Nur noch wenige Meter nach links und wir befinden uns am Ausgangspunkt unserer Tour.

Start / Ziel: Parkplatz „Auf dem Verbrannten" an der Landstraße L83 zwischen Königsfeld und Bad Neuenahr, auf der Höhe ca. 3 Kilometer von Königsfeld

Kategorie: Leichte Rundtour, 9 Kilometer, ganzjährig begehbar, witterungsunabhängig

Einkehrmöglichkeiten / Besonderheiten: Im „Gasthaus Fleischer" in Königsfeld (regionale Küche, Biergarten, Telefon 0 26 46 - 317, Fax 0 26 46 - 820, Mi. geschl.), alternativ Rucksackverpflegung

Anfahrt: Autobahn A 61 – Anschlussstelle Niederzissen – rechts auf Landstraße L82 Richtung Sinzig – in Waldorf links abbiegen auf L87 – Königsfeld – Einmündung auf Landstraße L83 – rechts abbiegen Richtung Bad Neuenahr – nach ca. 3 km Parkplatz rechts am Straßenrand

Information: Wanderkarten 1:25 000 des Eifelvereins Nr. 8 „Das Rheintal" / Nr. 9 „Das Ahrtal", Fremdenverkehrsverband Brohltal e.V., Kapellenstraße 12, D-56651 Niederzissen, Telefon 0 26 36 - 194 33, Fax 0 26 36 - 801 46, tourist@brohltal.de

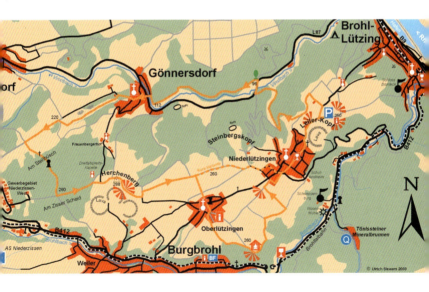

Abgeholzt, verbrannt und kahl gefressen

Vom Überlebenskampf des Eifelwaldes

Solange Menschen in der Eifelregion leben, haben sie Nutzen aus dem Waldreichtum für sich beansprucht. Um Platz für ihre Siedlungen zu schaffen, haben sie ihn zunächst mit Axt und Feuer gerodet. Die Wälder lieferten ihnen das Material zum Bau von Behausungen, Befestigungsanlagen und allerlei Werkzeugen. Sie sorgten für warme Mahlzeiten und halbwegs erträgliche Temperaturen in den zugigen Behausungen an kalten Tagen. Außerdem brauchte man immer mehr Flächen um die Siedlungsgebiete herum für den Feldbau. Als unsere Zeitrechnung einsetzte, war bereits ein Viertel der ursprünglichen Waldfläche verschwunden.

Beginnend im Mittelalter bis zum Ende des 30-jährigen Krieges und später noch einmal nach der französischen Besatzungszeit bis ca. 1840 gab es in der Eifel eine rege Eisenproduktion (s. Lust auf Natur Bd. 2, „Auf den Spuren des Eisens"). Die dazu benötigten Mengen an Holzkohle, 40 m? Holz je Tonne Eisen, lieferte der Wald. Überall im Land rauchten die Kohlenmeiler.

Zu dieser Übernutzung des Waldes kam noch die Waldweide durch Rinder, Schafe und Schweine. Das Vieh wurde in den Laubwald getrieben, wo vor allem die jungen Triebe sowie Eicheln und Bucheckern als Nahrungsgrundlage dienten. Junge Bäume hatten keine Chance nachzuwachsen. Der Wald wurde buchstäblich aufgefressen. So entstanden im Laufe der Jahre großflächige Waldheiden.

Der Wald diente aber nicht nur als Viehnahrung, sondern auch als Grundlage für die Produktion von Getreide. Im gesamten Eifelgebiet betrieben die Bauern die sogenannte „Rott- und Schiffelwirtschaft". Bei der „Rottwirtschaft" wurden Waldbestände in Abständen von 15 bis 20 Jahren gehauen und Teile des Holzes auf der frei gewordenen Fläche verbrannt. Übrig blieb Asche, die einer primitiven Düngung gleichkommt. Diese reichte für ein bis zwei Jahre zum Anbau von Hafer oder Roggen. Der Austrieb aus den verbliebenen Wurzelresten, der so genannte Stockausschlag, bildete in den darauf folgenden 15 bis 20 Jahren den sogenannten Niederwald. Der wurde dann später wieder überwiegend als Brennholz genutzt, und der Zyklus der „Rottwirtschaft" begann von vorn.

Buurebösch
„Auf dem
Verbrannten"

Herbststimmung im Eifelwald

Auf solchen einfachen Gestellen wurde die geschälte Eichenrinde (Lohe) getrocknet

Bei der „Schiffelwirtschaft" wurde der Wald im Frühjahr komplett gerodet, also auch die Wurzeln der Bäume entfernt und verbrannt. Wenn der Boden nach etwa zwei Jahren ausgelaugt war, überließ man das Land seinem Schicksal. So entstanden Heidelandschaften. Während dieser Zeit diente das Land als Schafweide. War die spärliche Weide abgefressen, ließ man sie brach liegen. Anschließend wurden die torfähnlichen Reste mit Schaufeln abgeplaggt (abgeschiffelt). Die Heideplaggen wurden verbrannt und im Herbst als Dünger ausgebracht. Damit begann der Bearbeitungszyklus wieder von vorn.

Eine weitere Belastung für die Eifelwälder war das Schälen der jungen Eichenstämme zum Gewinn der Rinden (Lohe). Sie enthielt die für die Lederherstellung wichtige Gerbsäure. Die Rinde wurde im Frühjahr abgelöst, über den Sommer getrocknet und im Herbst an Händler und Gerbereien verkauft. Das Material wurde anschließend gemahlen. Daraus stellten die Lohgerber eine Brühe her, in der Tierhäute eingelegt wurden. Das nicht benötigte Holz wurde verbrannt oder zu Kohle verarbeitet.

Durch den Raubbau waren die Waldbestände in der Eifel zu Beginn des 19. Jahrhundert fast völlig verschwunden. Die Heideflächen reichten oft bis zum Horizont. Fritz von Wille, der große Eifelmaler, hat mit seinen Landschaftsbildern diese Epoche eindrucksvoll dokumentiert. Erst durch eine massive Aufforstung, überwiegend mit schnell wachsenden Fichten („Preußenbaum"), gelang es ab 1815 der preußischen Verwaltung, den völligen Niedergang des Eifelwaldes zu stoppen.

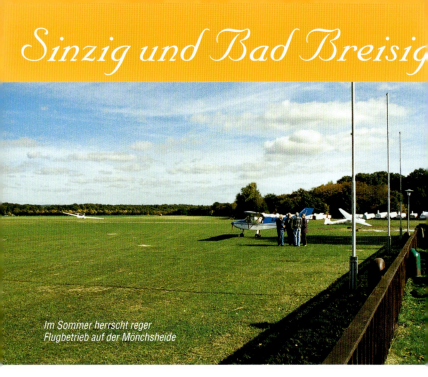

*Im Sommer herrscht reger
Flugbetrieb auf der Mönchsheide*

Vom Breisiger Wind und mehr

Geschichte und Geschichten rund um die Mönchsheide zwischen Sinzig und Bad Breisig

An schönen Wochenenden wird die Mönchsheide zwischen dem Dörfchen Franken und der Rheinhöhe oberhalb von Bad Breisig von unzähligen Ausflüglern, Spaziergängern und Joggern bevölkert. Dazwischen starten und landen ständig Segelflugzeuge und Sportmaschinen auf dem kleinen Flugplatz. Für Erlebniswanderer scheint das nicht unbedingt der Ort zu sein, um die Schönheit der Landschaft in Ruhe zu genießen. Aber der erste Eindruck täuscht.

Wer sich morgens rechtzeitig auf den Weg macht, findet mit Sicherheit an der Zufahrtstraße von Franken zum Flugplatz Mönchsheide schon am ersten Waldsaum bei der Grillhütte einen Parkplatz, der weder die Forst- noch die Landwirtschaft behindert. Dort biegt auch der Wanderweg (6/7) nach links in den Wald ab. Der dunkle Fichtenbestand wird schon nach wenigen Metern von lich-

Schloss Arenthal im Herbst

tem Buchenwald abgelöst, der für die östliche Eifel typischen Vegetationsform. Die bunten Lichtspiele seiner Blätter mit ihrem zarten Grün im Mai und dem leuchtenden Gold in der Oktobersonne sind jedes Jahr ein genussvolles Erlebnis für den Naturfreund. An der nächsten Wegegabel halten wir uns links und erreichen kurze Zeit später eine lichte Wegekreuzung. Hier folgen wir dem breiten Weg nach links, schwenken aber schon nach wenigen Metern nach rechts an den mächtigen, von Efeu umrankten Eichen vorbei in ein kleines Tal (6). Hier, am Fuß des Sonnenbergs, entspringt ein kleines Rinnsal, dessen erodierende Kraft im Laufe der Zeit eine von dichtem Grün beschattete kleine Schlucht geschaffen hat. Durch das Tal des Sonnenbachs geht es weiter in nördlicher Richtung, vorbei an einsamen Wildwiesen, verfallenen Teichanlagen und üppigen Viehweiden hinunter zum Schloss Ahrenthal.

Ein wenig hinter hohen Bäumen verborgen liegt die hufeisenförmige Hofanlage von einem Wassergraben umgeben an der Straße von Sinzig nach Königsfeld im Harbachtal. Sie wurde im frühen 18. Jahrhundert auf den Überresten einer mittelalterlichen Burg neu errichtet. Seit 1804 ist sie im Besitz der Reichsgrafen von Spee und dient seitdem vor allem landwirtschaftlichen Zwecken. Das heutige Schlossgebäude auf der offenen Seite der Anlage entstand erst um 1890. Heute versucht der junge Graf von Spee, frischen Wind ins alte Gemäuer zu bringen. Die kleine romantische Schlosskapelle ist bei Hochzeitspaaren sehr beliebt. Auf den Weiden rund um das Anwesen grasen heute Reit-

Rheinhöhen

pferde. Die alten Stallungen dienen als Pferdepension. Außerdem gehören wertvolle Waldbestände zum Schlossbesitz.

An der Scheune hinter dem Schloss biegen wir nach rechts ab und folgen dem Wanderweg (**6**) oberhalb der Pferdekoppeln in östlicher Richtung. Nach wenigen Minuten erreichen wir das Gappental. Nachdem wir ein Bächlein gleich neben dem Löschteich überquert haben, folgen wir dem Weg (**6**) talaufwärts nach rechts. Die steilen Talflanken und die dichte, artenreiche Vegetation sorgen im Hochsommer für angenehme Kühle beim langsamen Anstieg. Plötzlich macht der Weg eine steile Spitzkehre nach links. Hier sollte der Wanderweg laut unserer Karte doch geradeaus verlaufen! Nun, das ist eine typische Situation für die hiesige Waldregion. Wegverläufe ändern sich z.B. durch Windbruch, forstliche Nutzung oder Flurbereinigungen. Wir treffen immer wieder auf alte Fuhr- und Schleifwege, erkennbar an Vertiefungen oder Hohlwegen im Gelände, die oft Jahrhunderte alt sind.

Unser neuer Weg führt nun in nördlicher Richtung über den Aulenberg immer geradeaus, bis wir auf den breiten „Rheinhöhenweg" (**R**) stoßen. Vorher kreuzen wir mehrfach quer verlaufende Wald- und Wanderpfade. Auf dem viel begangenen Hauptweg wandern wir weiter in nördlicher Richtung bis zu der markanten Kreuzung auf dem Ziemert mit den imposanten alten Eichen. Bis hier reicht der asphaltierte Fahrweg, der von Sinzig herauf kommt. Bänke laden zur kurzen Rast ein. Ein wenig versteckt geht es rechts des Fahrweges auf schmalem Pfad bergab.

Herbstlicher Buchenwald bei Sinzig

Es handelt sich dabei wieder um einen der bereits erwähnten alten Fuhr- und Schleifwege, vor dessen Einmündung auf den Fahrweg ein gemauerter Bildstock mit einem Marienmosaik steht. Wieder folgen wir einem kleinen Pfad nach rechts durch den Wald, vorbei an völlig verwilderten und zugewachsenen alten Obstgärten. Am Ende des Pfades treffen wir auf den hölzernen Bildstock einer Madonna, angebracht am Stamm einer Eiche. Ihm gegenüber beginnt eine alte Kastanienallee, die in die Stadt Sinzig hinab führt.. Wir machen noch einen kleinen Abstecher in diese Richtung, um den Blick auf Sinzig und das Rheintal zu genießen.

Anschließend wandern wir in südöstlicher Richtung durch den Wald an der Madonna weiter. Über einen kleinen Hügel gelangen wir in ein weites Tal (Seifen). Das schützende Blätterdach der Buchen ist hier so dicht, das selbst im Sommer kaum ein Sonnenstrahl eine Lücke findet und der Waldboden daher frei von Unterholz bleibt. Der Weg führt durch das obere Tal hindurch und erneut über einen Hügel, um dann über alte Fuhr- und Schleifwege hinunter Richtung Rhein abzufallen. Hierher verirrt sich selten ein Wanderer und als wir ein Robinienwäldchen erreichen, scheint der Weg zu enden. Ein ganz schmaler Pfad, fast schon ein Wildwechsel führt durch den von Alter und Wind gefällten Baumverhau abwärts. Durch dichte Hecken und hohes Gras gelangen wir unversehens auf einen quer verlaufenden Weg (Markierung 3 fehlt) am Hang. Mauerreste verraten, dass an dieser Stelle vermutlich vor einiger Zeit Wein angebaut wurde. Ein paar ziemlich verwilderte Gärten liegen hinter verfallenen Zäunen. Der Lärm vorbeirauschender Fahrzeuge verrät, dass wir uns nur wenige Meter oberhalb der Bundesstraße B9 befinden. Links, hinter den dichten Bü-

Elegant – Blühende Waldrebe im Frühling

schen und Bäumen tauchen die ersten Häuser von Sinzig auf. Wir wandern nach rechts, in südlicher Richtung am Hang entlang weiter. Zahlreiche, von dicken Lianen der Waldrebe überzogene Robinien recken sich in den Himmel. Dieser urwüchsige Baum gelangte im 17. Jahr-

7

Geschichte und Geschichten rund um die Mönchsheide zwischen Sinzig und Bad Breisig

Rheinhöhen

hundert aus Nordamerika zu uns und wird wegen seiner Ähnlichkeit mit den afrikanischen Akazienarten auch Scheinakazie (Robinia pseudoacacia) genannt. Er kommt im Rheintal gelegentlich in größerer Anzahl vor. Die weißen, nicht giftigen Blüten (Mai/Juni) hängen in länglichen Trauben herab und duften auffallend süßlich. Imker stellen gern ihre Bienenstöcke in der Nähe auf, um einen besonders aromatisch schmeckenden Honig zu erzeugen. Ansonsten ist die gesamte Pflanze, besonders ihre Rinde und die Samen, für den Menschen giftig. Das extrem harte Holz findet hin und wieder noch als Bauholz im Wasserbau und bei der Möbelherstellung Verwendung. Früher war es als widerstandsfähiges Bauholz in Bergwerken sehr gefragt.

Typisch für das Rheintal sind auch die mitunter armdicken Lianen der Waldrebe (Clematis vitalba). Im Frühsommer tauchen ihre Blüten die Waldränder in leuchtendes Weiß. Im Herbst fallen die wolligen, silbrig glänzenden Fruchtstände auf, die wie Blüten ganze Bäume und Gebüsche verzieren. Als Kinder rauchten wir heimlich getrocknete Stängelteile der Waldrebe („Rauchholz"). Dabei ist auch diese Kletterpflanze aus der Familie der Hahnenfußgewächse äußerst giftig. Kaum zu glauben, dass wir das überlebt haben.

Auf dem schmalen, manchmal steilen Pfad wandern wir in südlicher Richtung weiter. Im Spätherbst finden wir hier immer wieder die reifen Früchte der Esskastanie. Das Herauslösen aus den stacheligen Ummantelungen piekst zwar ganz schön, aber die Vorstellung vom Genuss der köstlichen in der Pfanne gerösteten Maronen hält den Schmerz in Grenzen. Am Fuß des steilen Hanges erkennen wir zahlreiche Spuren alter Fuhrwege und überall Geröllhalden. Nicht umsonst heißt die Gemarkung im Volksmund „Mirgelskaul". Bereits die Römer bauten Mergel (ein Gemisch aus Kalkstein und Ton) in der Region ab. Das Rohmaterial diente hauptsächlich zur Herstellung von Zement (Opus caementitium) und als Düngematerial.

Kurze Zeit später erreichen wir den am tiefsten liegenden Punkt unserer Tour, die markante Wegekreuzung „Am Tiefpfad". Wir wandern am hübsch angelegten Fischweiher nach rechts durch das gleichnamige Tal weiter (**RV/3**). Durch den lichten Buchenwald folgen wir dem Bach bergauf. Im oberen Tal säumen mächtige Lärchen den Forstweg. Nachdem wir ein kleines Rinnsal überquert haben, gabelt sich der Weg. Wir halten uns geradeaus und erreichen bald darauf eine Wegekreuzung. Auf dem breiten Querweg (Rheinhöhenweg **R/4**) geht es nach links weiter. Gleich hinter der markanten Wegekreuzung biegt der Wanderweg (**R/4**) nach rechts. Wir wandern durch eine Gemarkung, die als „Judenkirchhof" bezeichnet wird. Diese Gemarkungsbezeichnung finden wir in der Eifel immer wieder. Der Name, der auch gelegentlich in amtlichen Karten auftaucht, ist irreführend. Er leitet sich nicht vom Wort „Jude" ab, sondern vom altgermanischen Begriff „Gode" (Gode oder God = Beschützerin, Göttin, Gott = gut) das wir auch

Spuren der Kelten auf dem Hahn

im dialektalen „Jood" oder „Jööd" wieder finden, was soviel wie Patin bedeutet. Am bekanntesten ist der „Juddekirchhof" in der Nähe von Gerolstein. Dort kann man heute noch gut erhaltene Mauerreste von gallo-romanischen Tempeln besichtigen, wovon einer der keltischen Muttergottheit Caiva gewidmet war.

Dass die Kelten auf den Rheinhöhen oberhalb von Bad Breisig zuhause waren, gilt als sicher. Unser nächstes Ziel sind deshalb die Reste einer antiken Höhensiedlung. Um dort hin zu gelangen, folgen wir dem (leider schlecht markierten) Rheinhöhenweg (**R**) an der nächsten Wegekreuzung geradeaus. Am Sendemast des SWR-Verstärkers halten wir uns links. Nach gut 200 Metern stoßen wir auf eine Informationstafel. Deutlich erkennbar sind die Überreste einer Wallanlage mit vorgelagertem Graben auf der langen Felsnase hoch über Bad Breisig am Rhein.

Von hier geht es anschließend wieder zurück bis zum Sendemast. Von dort wandern wir nach links bis zur kleinen Schutzhütte. Von hier aus hat man einen wunderbaren Blick auf Oberbreisig mit seiner spätromanischen Kirche St. Viktor und über das Frankenbachtal hinweg bis zu den Vulkankegeln des oberen Brohltals am Horizont.

Rheinhöhen

Danach folgen wir dem Wanderweg (**2**) bis zu der Stelle, wo scharf nach links ein schmaler Pfad am Steilhang entlang ins Tal führt. Dann stoßen wir auf den Förster-Steffens-Weg, auf dem wir nach rechts wenige Minuten später den Eingang zur Schäferhütte erreichen.

An schönen Wochenenden ist die „Schäferhütte" das ganze Jahr über ein beliebtes Ziel zahlreicher Spaziergänger und Wanderer. Ob in den zünftig eingerichteten Hüttenräumen oder auf der von Weinstöcken beschatteten Terrasse, niemand muss hier verhungern oder gar verdursten. Die familienfreundlichen Preise und die aufmerksame freundliche Bedienung sind ein großes Lob wert. Gestärkt ziehen wir weiter. An der hölzernen Schutzhütte mit der Picknick-Ecke vorbei gelangen wir zum kleinen Parkplatz. Über ein paar Stufen geht es nun nach rechts weiter bergauf auf dem so genannten „Manhillen-Weg" durch den niedrigen Eichenbestand. Dieser uralte Karrenweg führt hinauf zum Waldparkplatz an der Mönchsheide.

Die Äcker und Wiesen rund um den Mönchsheider Gutshof gehörten bis zur Säkularisierung durch die französische Besatzung 1811 zu den zahlreichen Besitzungen der Marienstätter Zisterzienser aus dem Tal der Nister im Westerwald. Vor dem Zweiten Weltkrieg legte die deutsche Wehrmacht hier oben einen Flugplatz an, der aber keine besondere Bedeutung für den Kriegsverlauf hatte. Nach Kriegsende kamen die Amerikaner und betrieben auf der Mönchsheide eine Radarstation. Nach ihrem Abzug pachtete der Luftsportverein einen Teil des Geländes und betreibt seitdem einen regen Segel- und Sportflugbetrieb. Der „Mönchsheider Hof" ist heute ein beliebtes Ausflugsrestaurant. Ob die hochfliegenden Pläne einiger Lokalpolitiker zur Umwandlung der Mönchsheide in eine moderne Golfanlage je realisiert werden, ist allerdings fraglich. Sicher hat das etwas mit dem „Breisiger Wind" zu tun, der auf der Mönchsheide immer vorhanden ist und die Luftsportler nur freuen kann...

Wir laufen noch ein Stück am Waldrand entlang in nördlicher Richtung (**7/3**). Nach Westen genießen wir den Blick auf die Höhen der Osteifel und des oberen Brohltals, dessen Wahrzeichen, die Burgruine Olbrück, auch die Mönchsheide immer im strategischen Blickfeld hat. Wir folgen nun dem Weg immer dem Waldrand entlang nach links (**6**) und gelangen so wenig später zum Ausgangspunkt dieser herrlichen Rundwanderung zurück..

Start / Ziel: Parkmöglichkeit im Bereich der Grillhütte ca. 1 Kilometer hinter Franken an der Zufahrt zu Sportflugplatz Mönchsheide

---

Kategorie: Leichte Rundwanderung, 16 Kilometer, ganzjährig begehbar, witterungsunabhängig

---

7

Geschichte und Geschichten
rund um die Mönchsheide
zwischen Sinzig und Bad Breisig

Einkehrmöglichkeiten / Besonderheiten: In der „Schäferhütte" (Telefon 0 26 33 - 47 00 64, Fax 0 26 33 - 47 21 73, Fr., Sa. u. an Sonn- und Feiertagen ab 11:00 Uhr geöffnet) und im „Gutshof Mönchsheide", alternativ Rucksackverpflegung

Anfahrt:
Autobahn A 61 – Anschlussstelle Niederzissen – rechts auf Landstraße L82 Richtung Sinzig – in Waldorf links weiter auf L82 – am Ortsende von Franken rechts abbiegen Richtung Flugplatz – ca. 1 km im Bereich des Waldrandes Parkmöglichkeit an der Zufahrtstraße

Bahn/Bus: Ab DB-Bahnhof Bad Breisig zu Fuß entlang der Bahn (bergseitig) durch die Brunnenstraße am Thermalbad vorbei – weiter geradeaus – Bachstraße – an der „Quellen-Apotheke" rechts – Vogelsangstraße – hinter dem letzten Haus links – Rheinhöhenweg – Rundwanderweg (+ 4 km gesamt)

Information: Wanderkarte 1:25 000 des Eifelvereins Nr. 8 „Das Rheintal", Touristinformation Bad Breisig, Koblenzer Str. 59 (gegenüber Bahnhof), D-53498 Bad Breisig, Telefon 0 26 33 - 45 63 0, Fax 0 26 33 - 45 63 50, Tourist-Info@Bad-Breisig.de

Rheinhöhen

Auf der Veranda des Gemarkenhofes genießen wir den freien Blick über das Ahrtal in der Abendsonne

Afrika lässt grüßen
Die Remagener Höhen sind voller Überraschungen

Der Film „Die Brücke von Remagen" dürfte fast jedem bekannt sein. In diesem Film spielen auch die linksrheinischen Rheinhöhen oberhalb der Römerstadt eine wichtige Rolle. Unsere heutige Tour dreht sich weniger um die dramatischen Ereignisse aus dem Jahr 1945, sondern um ein herrliches Fleckchen am Ostrand der Eifel, das so nur wenige Einheimische kennen und schätzen.

Während die Menschen unten im Rheintal an diesem Oktobermorgen noch unter der dicken Watteschicht der Nebelmassen frösteln, verwandeln oben am Wanderparkplatz „Waldburg" auf dem Viktoriaberg goldene Sonnenstrahlen den reifbedeckten Waldsaum in funkelnden Glanz. Wir wandern zunächst auf dem „Rheinhöhenweg" (**R**) am Waldrand entlang in südlicher Richtung. Die ersten Jogger kommen bereits mit roten Wangen und dampfenden Trikots von ihrer morgendlichen Rundtour zurück. Wir nehmen uns die Zeit, um anhand der Hinweistafeln am Wegrand die unterschiedlichen Baumarten näher kennen zu lernen, denn der Artenreichtum der Wälder, die die Rheinhöhen bedecken, ist

Jüdischer Grabstein im Wald

ein Stück Kulturerbe. Und dazu zählt ohne Zweifel auch der alte jüdische Friedhof rechts im Wald. Die verwitterten Grabsteine sind stumme Zeugen der einst bedeutenden Rolle der Juden in der Remagener Gesellschaft. Mit dem Niederbrennen ihrer Synagoge in der von den Nazis verharmlosend bezeichneten „Kristallnacht" vom 9. auf den 10. November 1938 begann ihre systematische Ausrottung, die dann im Holocaust ihren perversen Höhepunkt fand. Mit einem kleinen Stein auf eines der stummen Grabmale gelegt, ehren wir ihr Andenken.

Hinter der nächsten Wegekreuzung an der großen Eiche wird der „Rheinhöhenweg" schmäler und führt über den Rand des Plateaus hinunter Richtung Bad Bodendorf. Nach wenigen Metern bergab biegen wir nach rechts und wandern am Hang entlang weiter in westlicher Richtung. Kleine, gelbrot leuchtende Früchte auf dem Boden machen uns neugierig. Tatsächlich handelt es sich bei diesen in der Form an Miniaturausgaben von Äpfeln oder Birnen erinnernden Früchten um den heute seltenen Speierling. Diese, zu den Rosengewächsen gehörende Baumart, wurde früher häufig kultiviert. Der Saft seiner Früchte verlieh dem einst beliebten Eifler Volksgetränk, dem „Appeltrank" (Apfelwein), einen besonders guten Geschmack. Doch Vorsicht! Solange die Früchte noch nicht dunkelbraun verfärbt sind, schmecken sie wie bittere Arznei, die den ganzen Mund zusammenzieht. Erst nach dem ersten Frost bekommen sie den süßen, exotischen Wohlgeschmack, den bereits die Römer zu schätzen wussten. Um dieses botanische Erlebnis reicher wandern wir weiter bis zum asphaltierten „Promilleweg", der von Bad Bodendorf durch das Kraustal hinauf auf die Remagener Höhen führt. Wir laufen ein paar Meter bergab bis zum Scheitelpunkt der Kurve und wandern anschließend unterhalb der Bank am Waldrand auf dem schmalen Pfad

Rheinhöhen

(keine Wegemarkierung) am Hang entlang gut zwei Kilometer weiter nach Westen. Dann taucht links vor uns eine einsame Wiese auf. Vorsichtig nähern wir uns der grünen Lichtung, denn es besteht die Möglichkeit, dass wir Rehwild zu Gesicht bekommen. Am oberen Wiesenrand geht es weiter nach Südwesten. Dort treffen wir auf einen quer verlaufenden breiten Wanderweg (**7**). Er kommt von Bad Bodendorf herauf, führt an der Kapelle an der „Zierdheck" vorbei nach Nordwesten zum Golfplatz am „Köhlerhof". Die wenigsten Spaziergänger sind sich bewusst, dass sie auf einer historisch bedeutsamen Straße unterwegs sind. Es ist der legendäre „Krönungsweg", eine der wichtigsten Fernverbindungen des Mittelalters. Von Frankfurt am Main kommend, führte er über Koblenz am Rhein entlang, bog bei Sinzig ins Ahrtal ab und führte über Bodendorf auf die Höhen der Grafschaft. Auf ihm gelangten nicht nur die Deutschen Kaiser zu ihrer Krönungszeremonie nach Aachen, sondern er war auch ein wichtiger Handelsweg und diente zur raschen Verlegung bewaffneter Truppenverbände.

Auch wir wandern nach rechts durch das Golfgelände weiter (7). Die Betreiber der 18-Loch-Anlage bemühen sich, den Golfern ein möglichst naturnahes und abwechslungsreiches Sporterlebnis zu bieten. Der alte Baumbestand und das üppige Grün drum herum machen den Anschein perfekt. Ein aufwändig gepflegter Golfrasen ist nun einmal keine Wiesenlandschaft mit artenreicher Flora und Fauna. Wir wandern am „Köhlerhof" mit seiner Edelgastronomie und an den versteckt hinter Büschen geparkten Nobelkarossen seiner Gäste vorbei bis zur Kreuzung am „Landskroner Hof". Unter einer alten Linde steht an der Wegekreuzung ein altes Fachwerkkapellchen. Hier biegen wir nach rechts auf den von Bad Neuenahr kommenden Hauptwanderweg (◄, 1) des Eifelvereins und laufen am Hofgelände vorbei in nördlicher Richtung weiter durch offenes Feld. Nach gut einem Kilometer überqueren wir die Kreisstraße K39 und erreichen kurze Zeit später den Waldrand unterhalb des Scheidskopfes, unserem nächsten Etappenziel. Eine Bank mit schöner Aussicht lädt zum Verweilen ein, bevor wir zum abenteuerlichen Weg auf den Gipfel aufbrechen.

Vom Förster haben wir den entscheidenden Tipp bekommen. Auf dem Scheidskopf wurde im 19. Jahrhundert eine große keltische Ringwallanlage entdeckt, vergleichbar mit der auf dem Barsberg bei Bongart/Eifel (s. Lust auf Natur Bd. 2, „Das Vermächtnis der Kelten" und Lust auf Natur Bd. 1, „Erlebniswandern beiderseits des Rheins"). Durch den späteren Steinbruchbetrieb wurde das Bergplateau allerdings völlig zerstört. Bis auf wenige, kaum nennenswerte Wall- und Grabenreste, ist von der alten Keltenfeste heute nichts mehr zu sehen. Trotzdem lohnt sich der Abstecher (nur für geübte Wanderer ohne Begleitung kleiner Kinder!) auf den verbliebenen Restgipfel der eher unauffälligen Höhe zwischen der Autobahn A61 und dem Rheintal. Am Waldrand entlang verlassen wir an der Schutzhütte den markierten Wanderweg und laufen weiter geradeaus nach Os-

Kaum sichtbar führt der schmale Pfad auf den Gipfel.

Das Betreten des alten Steinbruchs ist nicht ungefährlich.

ten. Der dunkle Buchenwald besteht überwiegend aus Stockausschlag. Nach wenigen Metern verlassen wir den breiten Weg nach links. Durch eine Ansammlung knorriger Wurzelstöcke, die an märchenhafte Waldgeister erinnern, führt ein schmaler Karrenweg leicht bergauf. Er passiert den Wall der früheren Lorenbahn und verliert sich nach wenigen Metern im Unterholz. Kaum sichtbar führt von dieser Stelle ein ganz schmaler Pfad steil nach links bergauf. Nach etwa 100 Metern erreichen wir eine kleine, mit niedrigen Büschen bewachsene Plattform über dem tiefen Abgrund des alten Steinbruchs. Ein unbedachter Schritt kann tödliche Folgen haben! Der Blick zwischen den Ästen und Sträuchern hindurch auf die umgebene Eifellandschaft zeigt deutlich, welche strategische Bedeutung diese Höhe einst für die Menschen hatte. Zurück geht es auf gleichem Wege. Unten angekommen, halten wir uns links. Nach etwa 400 Metern an der Wegekreuzung öffnet sich der Wald. Halb rechts wandern wir am Zaun eines ziemlich zugewachsenen Gartengeländes mit alten Obstbäumen entlang auf einem schmalen Pfad nach Südosten. Hinter dem Zaun liegt das legendäre „Paradies" des unvergessenen „Biopapstes" Heinz Erwen. Bis zu seinem Tode war er bemüht, auf den Höhen über Remagen eine „Oase unverfälschter Natur" zu entwickeln. Ganze Schulklassen pilgerten seinerzeit an diesen Ort, um Erwens praktische Anweisungen zur natürlichen Schädlingsbekämp-

Rheinhöhen

Wie märchenhafte Waldgeister wirken die knorrigen Wurzelstöcke am Wege

fung im Garten zu lauschen. Heute ist es still um das „Paradies" geworden. Nur die zahlreichen, kopfunter aufgehängten Blumentöpfe in den alten Obstbäumen erinnern an Erbens Bauanleitung für die „Heimat für Ohrwürmer".

Wir sind wieder an der Kreisstraße angelangt. Ein paar Schritte nach rechts und wir kommen zum „Highlight" unserer heutigen Tour. „Straußenfarm und Edelobstgut Gemarkenhof" steht auf dem großen Schild am Rande der Straße. Schon seit einigen Jahren beschäftigt sich die Familie Bell-Becher mit der Zucht afrikanischer Strauße. Etwa 20 Hektar umfasst das riesige Areal „Auf Plattborn", das Laufvögeln vom „Schwarzen Kontinent" zur neuen Heimat wurde. Außer den ausgedehnten Weideflächen gehört ein Café-Restaurant, der Hofladen, die Brut- und Aufzuchtstation und das Schlachthaus zum „Gemarkenhof".

Afrika lässt grüßen, wenn wir uns einer Führung durch die Straßenfarm anschließen. Wir erfahren so manches über den größten und schwersten Vogel der Erde. Er wird bis zu drei Meter hoch und erreicht ein Köpergewicht von bis zu 150 Kilogramm. Sein angestammter Lebensraum ist die Afrikanische Savanne (offenes Grasland mit wenigen Büschen und Bäumen), die er in größeren Trupps auf der Suche nach Samen, Beeren und Insekten durchstreift. Er teilt ihn mit Löwen, Hyänen und anderen Raubtieren. Historisch betrachtet sind diese im Vergleich zum Strauß jedoch „Neuankömmlinge". Forschungen und Fossilien belegen, dass dieser bemerkenswerte Vogel bereits seit über zwei Millionen Jahren hier beheimatet ist. Der Strauß gilt als der letzte Nachfahre der Saurier. Vergleiche seiner Haut mit der des Krokodils zeigen verblüffende Ähnlichkeiten. Der flugunfähige Vogel kann mit seinen langen und sehr kräftigen Beinen sehr schnell und ausdauernd laufen. Dabei erreicht er Geschwindigkeiten bis zu 70 km/h. Auf die häufig gestellte Frage der Besucher, ob ein Strauß bei Gefahr den Kopf in den Sand steckt, lacht unser Führer schallend. Erstens seien die Tiere ausgesprochen wachsam und zweitens hätten sie an jedem Fuß eine sehr scharfe Zehe, die eine äußerst effektive Waffe darstellt. Ein gezielter Tritt mit ihnen genüge, um einen Löwen zu töten. Allerdings seien Strauße sehr neugierig und stecken mitunter ihren Kopf in Erdspalten und Löcher. Dadurch entsteht der Eindruck, sie steckten ihren Kopf in den Sand.

Nach dieser Lektion am Straußengehege geht es in die „Kinderstube" der Tiere. Im Brutraum erfahren wir, dass ein einziges Straußenei so viel Inhalt hat wie 24 Hühnereier. Mit einem Einzelgewicht von bis zu 1500 Gramm und einem Durchmesser von ungefähr 15

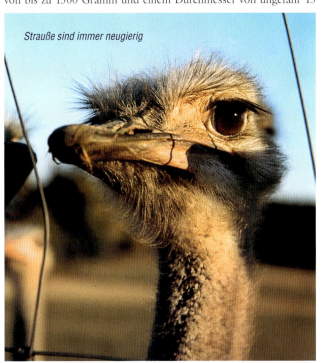

Strauße sind immer neugierig

Rheinhöhen

Zentimetern handelt es sich um die weltweit größten Vogeleier. Daraus schlüpfen nach sechs Wochen die braungescheckten Küken. Die Kinder in der Gruppe sind vollends begeistert von ihrem Anblick.

Dabei werden Strauße hauptsächlich als Fleischlieferanten gezüchtet. In Zubereitung, Geschmack und Konsistenz ist Straußenfleisch am ehesten mit Rindfleisch zu vergleichen. Es ist garantiert BSE-frei und enthält so gut wie kein Cholesterin. Im Hofladen gibt es außer Fleischerzeugnissen auch ausgeblasene Eier sowie allerhand Produkte aus dem unvergleichlich dekorativ genarbten Straußenleder zu kaufen. Mit Straußenfedern schmückten sich schon immer die Damen beim Varieté oder im Zirkus. Aber auch praktische Dinge werden aus Straußenfedern hergestellt. Zum Beispiel werden die Staubwedel seit Jahrtausenden von Hausfrauen in aller Welt geschätzt.

Der Besuch im Café-Restaurant von Maria Bell-Becher lohnt sich immer. Nachmittags bietet sie Ihren Gästen hausgemachte Kuchen, Schnittchen und andere Kleinigkeiten an. Und abends, ab 18.00 Uhr, ist die Küche geöffnet. Dann können hungrige Wanderer zu äußerst moderaten Preisen aus zahlreichen Gerichten rund um den Strauß wählen. Afrika lässt erneut grüßen, besonders, wenn man zum Genuss den unvergleichlichen Blick über das Ahrtal hinweg auf das gesamte Panorama der östlichen Eifel in der Abendsonne erleben darf.

Es wird Zeit, sich wieder auf den Weg zu machen, denn es wird langsam dunkel. Wir laufen ein kurzes Stück nach rechts an der Straße entlang Richtung Remagen und biegen am nächsten Haus auf dem Weg wieder nach rechts ab. Über ein Wiesengelände geht es an den Straußengehegen entlang hinunter bis zum Waldrand und dort weiter auf dem breiten Forstweg nach links. Jetzt marschieren wir gut einen Kilometer durch den Wald immer geradeaus, bis wir wieder freies Feld erreichen. Nach weiteren 200 Metern geht es auf dem von Birnbäumen gesäumten Wirtschaftsweg nach rechts über die Höhe. An der zweiten Kreuzung wandern wir nach links hinunter zum „Frohnhof" und biegen dort erneut nach rechts ab. Am „Hubertushof" mit seinen Reitanlagen vorbei gelangen wir ein paar Minuten später zum „Büschmarhof". Von dort geht es nach links weiter, bis wir kurze Zeit später wieder auf den „Rheinhöhenweg" stoßen. Auf ihm gelangen wir nach links zurück zum Ausgangspunkt unserer heutigen Rundwanderung.

Start / Ziel: Wanderparkplatz „Waldburg" auf dem Victoriaberg

Kategorie: Leichte Rundwanderung, 12 Kilometer, ganzjährig begehbar, witterungsunabhängig, abgesehen vom Aufstieg auf den Scheidskopf gut geeignet für Kinder (Besichtigung der Straußenfarm, Spielplatz, Streicheltiere)

Einkehrmöglichkeiten / Besonderheiten: Im „Café-Restaurant Gemarkenhof" am Wochenende (im Sommer auch freitags) 14-18 h (Café), 18-22 h (Restaurant) – Telefon 0 26 42 - 21 96 0, Fax 0 26 42 - 22 545), alternativ Rucksackverpflegung

Anfahrt:
Autobahn A 61 – Anschlussstelle Bad Neuenahr-Ahrweiler – der Ausschilderung Richtung Sinzig/Linz Rheinfähre folgen – am Sinziger Kreisel auffahren auf Bundesstraße B9 Richtung Bonn – in Remagen abbiegen auf Landstraße L79 Richtung Birresdorf/Grafschaft – 300 m links der Ausschilderung „Auf der Neide/Waldburg" folgen

Bahn/Bus: Ab DB-Bahnhof nach links – durch Bahnunterführung dem vorher beschriebenen Straßenverlauf folgen (+ 3 km gesamt)

Information: Wanderkarte 1:25 000 des Eifelvereins Nr. 8 „Das Rheintal", Tourist-Information, Kirchstraße 6, 53424 Remagen, Telefon 0 26 42 - 201 87, Fax 0 26 42 - 201 27, touristinfo@remagen.de, www.remagen.de

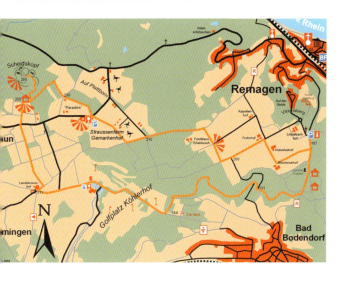

Der Broichhof auf dem Roddenberg vor
der imposanten Kulisse des Siebengebirges

Naturerlebnis und Rheinromantik

Mit der ganzen Familie vom Rodderberg zum Rolandsbogen

Zu den beliebtesten Ausflugszielen vieler Bonner zählt das Naturschutzgebiet auf dem Rodderberg. Eine gute Verkehrsanbindung, ausreichend Parkplätze und ein vom Wetter unabhängiges Wegenetz locken besonders an Wochenenden Freizeitsportler, Hundeliebhaber und Naturfreunde in großer Zahl auf die Höhen bei Niederbachem. Wer das Naturerlebnis ungestört erleben möchte, findet sich schon früh morgens auf dem Parkplatz neben der Einfahrt zum Gut Broichhof ein. Mit der ganzen Familie und reichlich Proviant im Gepäck wandern wir nach links zunächst in nördlicher Richtung am Holzzaun entlang. Dann erklimmen wir die kleine Anhöhe auf einem schmalen Pfad. Von hier genießen wir das Panorama des Drachenfelser Ländchens rund um den Ort Berkum – über Niederbachem, Mehlem, Lannesdorf, Muffendorf, Bad Godesberg mit der Godesburg, dem „Langen Eugen" und dem Posttower im ehemaligen Regierungsviertel und gegenüber das Siebengebirge mit dem Petersberg, dem Drachenfels und der Löwenburg. Der dunkle Sand unter unseren Wanderstiefeln ist vulkanischen Ursprungs. Tatsächlich stehen wir auf dem Kraterrand eines noch vor 8000 Jahren aktiven Vulkans. Das Reitergut Broichhof liegt vor uns in einer weiten, kreisförmigen Senke. Kaum vorstellbar, dass sich dort, wo heute Rassepferde unter schattigen Bäumen weiden, sich damals der rot glühende Lava speiende Höllenschlund befand. Der hölzerne Zaun rund um den Broichhof markiert den Verlauf des Kraterrandes. Wo heute die Zufahrt ist, ergoss sich früher ein glühender Lavastrom ins Tal, der alles Leben unter sich begrub. Die Kinder, aber auch die Erwachsenen sind von dieser Geschichte begeistert. Alle haben die immer wieder gezeigten Bilder aus dem Fernsehen vor Augen.

Der Rodderberg hat aber noch mehr zu bieten. Für den Naturschutz ist er sogar von herausragender Bedeutung. Vulkankuppe und Böschungen bilden ideale Lebensräume für Wärme liebende Tiere und Pflanzen, die ansonsten nur in Südeuropa beheimatet sind. Fast 200 verschiedene Blütenpflanzen, darunter viele gefährdete Arten, werden auf dem Rodderberg nachgewiesen. Dazu zählt auch der würzig duftende wilde Thymian. „Wie die Pizza beim Italiener", meinen die Kin-

der. Auch seltene Insekten können wir mit ein wenig Glück und Geduld beobachten. Besonders wohl fühlen sich hier diverse Heuschrecken wie zum Beispiel die vom Aussterben bedrohte „Blauflügelige Ödlandschrecke". Auch seltene Schmetterlinge wie z.B. den prachtvollen Schwalbenschwanz haben wir schon beobachtet. Natürlich lassen wir alles unberührt, damit das empfindliche Gleichgewicht der Natur noch lange erhalten bleibt.

Der schmale Pfad führt uns wieder nach links hinunter auf den Hauptweg und am Buschgelände entlang marschieren wir weiter, bis wir nach ein paar Metern auf den quer

Wie ein mahnender schwarzer Finger ragt der erkaltete Basaltschlot in den Himmel

Rheinhöhen

verlaufenden Rheinhöhenweg (**R**) stoßen. Zunächst biegen wir nach links ab, verlassen aber schon nach wenigen Schritten den Weg und gelangen auf einem schmalen Pfad durch die Büsche hinunter in eine Grube. Bis der gesamte Rodderberg im Jahr 1927 unter Schutz gestellt wurde, hat man an dieser Stelle die wertvollen Basalttuffe abgebaut. Dabei kam ein erkalteter Basaltschlot zu Tage, der heute wie ein mahnender schwarzer Finger in den Himmel ragt. Wir klettern auf dem schmalen Steig zu ihm hinauf. Das glasharte Gestein weist viele schillernde Einschlüsse auf. Natürlich müssen die Kinder erst alles fühlen und begutachten. Anschließend verlassen wir die Grube auf dem selben Wege und wandern nach rechts weiter auf dem asphaltierten Rheinhöhenweg in südlicher Richtung. Nach gut 500 Metern erreichen wir den „Heinrichsblick". Bänke laden zur kurzen Rast ein. Der Ausblick ist überwältigend. Vor uns liegt das Rheintal, überragt vom Drachenfels vor der romantischen Kulisse des Siebengebirges. Rheinromantik pur! Dabei soll an dieser Stelle früher ein Galgen gestanden haben. Ob man den Delinquenten diesen letzten Ausblick vor ihrer Fahrt in die Hölle gönnen wollte? Während die Erwachsenen noch versuchen, im gegenüber liegenden Rhöndorf das Adenauer-Haus zu suchen, machen sich die Kinder bereits über den mitgebrachten Proviant her. Das gehört eben bei einer Erlebnistour unbedingt dazu.

Wir wollen aber nun weiter. Wieder geht es am Kraterrand entlang. Im dichten Urwald zu unserer Linken kämpfen efeuumschlungene und mit Lianensträngen der Waldrebe verbundene Eichen- und Robiniengehölze um einen Platz an der Sonne. Dazwischen verläuft völlig unsichtbar die Landesgrenze zwischen Nordhein-Westfalen und Rheinland-Pfalz. Kaum haben wir sie überschritten, erhebt sich mitten im Wald von einem hohen Zaun umgeben ein mächtiger steinerner Turm. Im 19. Jahrhundert ließ ihn ein wohlhabender rheinischer Zuckerbaron im typischen Stil seiner Zeit errichten. Wie bei so vielen anderen Märchenschlössern und Ritterburgen am Mittelrhein wollte er damit seine Vorstellungen von Rheinromantik verwirklichen. Die Kinder finden allerdings das große Baumhaus oberhalb des Weges, auf dem wir nun nach links zum Rolandsbogen hinunter wandern, viel toller.

Durch einen Rundbogen gelangen wir an den Fuß eines mächtigen Felsens, auf dem sich der Rolandsbogen neben dem gleichnamigen Café-Restaurant befindet. Über einen schmalen Zuweg und eine Treppe inmitten eines Mini-

Rheinromantik pur – durch den Rolandsbogen schaut man auf den Drachenfels auf dem gegenüber liegenden Rheinufer

Weinbergs gelangen wir nach oben. Staunend betrachten wir das imposante, einem gigantischen Fenster mit Blick auf den Drachenfels nachempfundene Bauwerk aus schwarzblauem Basaltstein.

Nachdem in der Silvesternacht 1839/40 ein heftiger Sturm die Überreste der Burg Rolandseck zum Einsturz brachte, initiierte der Dichter Ferdinand Freiligrath mit ergreifenden Gedichten eine Spendenaktion. So entstand unter der Leitung des Kölner Dombaumeisters Ernst Friedrich Zwirner eine Rekonstruktion der Ruine, die als Rolandsbogen eine Poesie aus Steinen und damit zu einem Symbol der Rheinromantik wurde. Nicht zuletzt wohl auch wegen der Tragödie des Namensgebers, des Ritters Roland, und seiner Braut Hildegunde. Im Glauben, dass ihr Liebster in einem der Feldzüge Karls des Großen verstorben sei, war sie einst ins Kloster auf der Rheininsel zu Füßen der Burg eingetreten und hatte das Keuschheitsgelübde abgelegt. Als Ritter Roland wider Erwarten zurückkehrte, sah er darin eine Abweisung und verstarb an gebrochenem Herzen.

Tief beeindruckt schauen wir alle hinab auf die Insel, das rege Treiben auf dem Rhein und auf die Straße am Ufer. Das war auch der eigentliche Zweck der Burg. Von hier konnte man alles bestens überblicken und von den Vorbeiziehenden Wegezoll kassieren. Das ist jedoch nicht unbedingt das Anliegen des freundlichen Bedienungspersonals auf der Terrasse des Café-Restaurants. Die Preise auf der Karte des Hauses entsprechen der exklusiven Lage. Ob die Familienkasse eine Einkehr mit mehreren Personen zulässt, bleibt deshalb jedem Besucher freigestellt.

Wir sind wieder zurück auf dem Rheinhöhenweg und laufen weiter in südlicher Richtung. Am Waldrand hinter dem Rodderberger Hof hinter der Wegekreuzung gabelt sich der Weg. Wir wandern nun halbrechts zwischen dem Wald und einer mit Walnussbäumen bepflanzten Wiesenfläche weiter (**4**). Mountainbiker und Freizeitreiter sind für einige schlammige Passagen verantwortlich zu machen. Der interessante Baumbestand am Wegrand lässt dieses Manko schnell vergessen. Der Weg folgt dem Waldsaum nach Süden. Auf dem gesamten Plateau zwischen dem Drachenfelser Ländchen und den Rheinhöhen dominiert augenscheinlich der Pferdesport. Auf den Weiden rund um den Holzwolder Hof zu unserer Rechten und ein Stück weiter um den Hermann-Wilhelm-Hof grasen die Vierbeiner das ganze Jahr über. Hinter dem früheren Hermann-Wilhelm-Hof, heute eine hochmoderne Reitanlage, folgt unser Weg zunächst dem Waldsaum bis zur großen Wegegabelung. Hier gibt es zwei unterschiedliche Möglich-

Rheinhöhen

Blick ins herbstliche Rheintal

keiten, die Rundtour zu gestalten. Gerade wenn kleinere Kinder mitwandern, sollten wir uns für die kürzere Variante entscheiden. Wer sie überfordert, riskiert beim nächsten Ausflug Unlust und heftigen Protest des Nachwuchses. Um diesen Stress zu vermeiden, wählen wir den Weg geradeaus weiter am Waldrand entlang (Variante 1 s. Wegeskizze).

Variante 2 führt uns nach links auf dem breiten Weg in den Wald hinein (**2**). In einer kleinen Talsenke bietet eine Hütte Schutz vor plötzlichen Wetterkapriolen. Etwa 400 Meter weiter hinter einer kleinen Waldlichtung biegen wir nach rechts ab. Vorbei an der idyllischen Waldwiese und gepflegten Obstbaum- und Weihnachtsbaumkulturen wandern wir in ein kleines Tal hinunter. Die ersten Wohnhäuser von Niederbachem tauchen auf. Wir folgen der Straße gut 400 Meter nach rechts und biegen bei der ersten Möglichkeit wieder nach rechts ab. Zwischen Obstbaumpflanzungen und Pferdekoppeln wandern wir den gewundenen Asphaltweg hinauf zum Steinreichsberg (**2**). Unterwegs bietet sich wieder ein toller Blick nach Osten auf das Siebengebirge. Überall am Weg und im Wald lauern knorrige Fabelwesen. Es sind aus Stockausschlägen erwachsene uralte Buchen, umgeben von immergrünem Ilex. Dann erreichen wir die Wegekreuzung auf der Höhe. Hier vereinigen sich die Wege beider Varianten. Von nun an weist uns die markante Silhouette des Drachenfels den Weg nach Nordosten (**4**). Vorbei am Holzwolder Hof und mitten durch eine kleine Siedlung führt der Weg. Wenige Meter hinter dem letzten Haus taucht vor uns wieder der Rodderberg auf. Zunächst geht es über freies Feld nach rechts und dann auf dem Wirtschaftsweg am sogenannten „Kreuzbusch" entlang durch eine kleine Senke und wieder hinauf auf den Kraterrand. Von hier hat man den schönsten Blick auf den Broichhof mit der romantischen Siebengebirgskulisse. Wenig später erreichen wir unseren Ausgangspunkt. Gut, dass wir so früh da waren, denn jetzt sind Parkplätze längst Mangelware.

Start / Ziel: Wanderparkplatz neben der Einfahrt zum „Broichhof" bei
Niederbachem

Kategorie: Leichte Familienwanderung, variabel gestaltbar, maximal
12 Kilometer, ganzjährig begehbar, witterungsunabhängig

Einkehrmöglichkeiten / Besonderheiten: Im „Café-Restaurant Rolandshof",
Reiterklause „Broichhof", alternativ Rucksackverpflegung (empfehlenswert
bei Familienwanderung)

Anfahrt:
Autobahn A 61 – Meckenheimer Kreuz – Richtung Bonn – Autobahn A565 –
Anschlussstelle Meckenheim-Merl – der Ausschilderung Richtung
Bad Godesberg folgen – nach ca. 3,5 km an der Ampelkreuzung rechts
Richtung Berkum/Bad Neuenahr – nächste Ampelkreuzung links abbiegen
nach Berkum – Landstraße L123 durch den Ort – Oberbachem – Nieder-
bachem – im Ort rechts der Ausschilderung nach rechts zum Reiterhof
„Broichhof" folgen – vor dem Hofgelände rechts Wanderparkplatz
Bahn/Bus: Bis Niederbachem mit dem RVK-Bus der Linie 857, dann zu
Fuß weiter (+ 3 km gesamt), Fahrplan-Info unter 0180/3 50 40 30 oder
www.vrsinfo.de

Information: Wanderkarte NRW 1:25 000 „Bonn und das Siebengebirge",
Tourismus & Congress GmbH, Region Bonn/Rhein-Sieg/Ahrweiler, Adenauer-
allee 131, 53113 Bonn, Telefon 02 28 - 910 41 0, Fax 02 28 - 910 41 11,
info@bonn-region.de

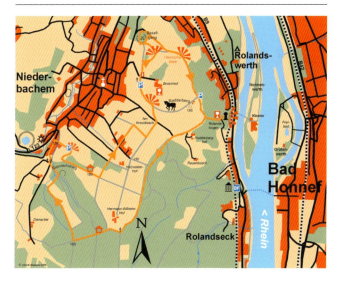

Rheinhöhen

85

Wo sich schon die Römer wohlfühlten

Unterwegs im Swistgau rund um Holzweiler

Spätestens seit der Entdeckung der Römervilla am Silberberg bei Ahrweiler wissen wir, dass die Ahrregion bereits während der Antike eine reiche Kulturlandschaft war. Aber auch in den Seitentälern des Ahrflusses und auf den Höhenzügen zu beiden Seiten liefern Fundstücke immer wieder Hinweise auf eine frühe Besiedelung dieser einmaligen Landschaft. Und es bedarf auch nicht unbedingt der wissenschaftlichen Beweisführung, um den Wunsch der Menschen zu verstehen, in diesem Teil der Eifel eine bleibende Heimat zu suchen.

Wir haben uns als Ausgangspunkt unserer Rundtour den Waldparkplatz an der „Hubertushütte" bei Bölingen ausgesucht. Am Parkplatzende geht es über eine kleine Holzbrücke in den Wald. Über den Hüttenvorplatz mit dem großen Holzkreuz und an einer Reihe zum Picknick einladender Tische und Bänke vorbei laufen wir jetzt nach rechts auf dem Wanderweg (**5**) weiter bis zur Waldlichtung.

Hier biegen wir wieder rechts ab und gelangen nach wenigen Metern auf einen breiten Forstweg, dem wir nun nach links in südwestlicher Richtung auf den nächsten 2,5 km folgen.

Wir befinden uns im Ringener Wald. Buchen, Eichen, Kiefern und ab und zu ein paar Fichten säumen den breiten Weg. Im August locken verführerisch köstliche Brombeeren und im Herbst kommen Frühaufsteher in den Genuss zahlreicher Speisepilze am Wegrand. Ob die Römer, deren Siedlungsspuren am Südwestrand von Bölingen gefunden wurden, bereits diese Gaben der Natur zu schätzen wussten, ist nicht nachgewiesen. Als sicher gilt jedoch, dass wir spätestens nach der Wegekreuzung, wo es nach rechts auf dem querenden Wanderweg (**9**) Richtung Holzweiler geht, auf der Trasse einer alten Römerstraße weiter marschieren.

Dann stoßen wir an der Waldspitze auf eine betonierte, quer verlaufende Straße. Nur wenigen Wanderern wird bewusst, dass sie vor einem Stück deutscher Nachkriegsgeschichte stehen. Es handelt sich nämlich um die während des Kalten Krieges wichtige Verbindungsstraße zwischen dem Ersatzflughafen der einstigen Bundeshauptstadt Bonn auf der Autobahn am Meckenheimer Kreuz und dem Regierungsbunker bei Marienthal im Ahrtal. Statt hochrangiger Staatsvertreter donnern hier wochentags die Lastwagen mit den Überresten der einstigen Regierungsfeste auf dem Weg zur Deponie über die Panzerpiste oder in dunklen Stunden „Promille-Flüchtlinge", die dem Alcotest der Ordnungshüter entgehen wollen.

Wir wandern geradeaus weiter auf dem asphaltierten Wirtschaftsweg (8) in südwestlicher Richtung bis zur nächsten Wegekreuzung. Dort halten wir uns rechts. Über den Parkplatz geht es nun auf einem staubigen Schotterweg in westlicher Richtung. Am Ende des Parkplatzes weist eine Holztafel nach links ins Unterholz: „Aussichtspunkt Josef Marners Ruh', 30 Meter". Durch das Heckengelände führt ein schmaler Pfad hinunter bis an die Obergrenze der Weinberge. Zwei robuste Sitzgruppen laden zum Verweilen ein. Die Aussicht über die Weinberge hinweg ist grandios. Unten im Tal der Ahr liegt der Winzerort Dernau, dahinter, nicht minder berühmt, das Weindorf Rech am Fuß des Nöllsnück. Die malerischen Bergkulisse des Ahrgebirges reicht vom Krausberg (mit dem steinernen Aussichtsturm) zur Linken bis zum Steinerberg (mit seiner Fernmeldeantenne) am rechten Rand des Ahrtalpanoramas.

Zurück auf der „Römerstraße" wandern wir weiter in westlicher Richtung. Wir überqueren die Straße von Esch nach Dernau (K35)

Ahrgebirge

und marschieren weiter nun leicht bergauf (**8**) bis zur Wegekreuzung am Waldrand. Wir bleiben auf dem Weg geradeaus (**8**). Der Blick nach Südosten über den weiten Talkessel des Swistbaches rund um die Dörfer Esch und Holzweiler reicht hinüber bis zum Siebengebirge jenseits des Rheins. Wir durchqueren eine abwechslungsreiche Feld-, Wald- und Wiesenlandschaft mit einer vielfältigen Flora und Fauna. Hier, oberhalb des Ahrtales mit seinem fast mediterranen Mikroklima konnte sie sich bestens entwickeln. Im Gegensatz zu den eher kargen Böden des Ahrgebirges bietet die Landschaft des Swistgaues den Landwirten beste Voraussetzungen für ertragreiche Ernten. Kein Wunder, dass sich hier schon die alten Römer wohl fühlten.

Wir überqueren die viel befahrene Bundesstraße 257 von Bonn nach Altenahr an der Kalenborner Höhe. Gleich neben der kleinen Kapelle marschieren wir an einer Reihe schmucker Einfamilienhäuser und Wochenenddomizile mit beneidenswertem Panoramablick nach Norden. Hinter dem kleinen Waldfriedhof verläuft der Weg durch den Wald bergab hinunter ins „Naturschutzgebiet Swistbachaue". Im heißen Sommer 2003 ist der Bach völlig ausgetrocknet und die hohen Pappeln im Bachgrund haben schon Anfang August den größten Teil ihres Laubes abgeworfen.

Der Weg gabelt sich. Wir halten uns rechts und wandern nun jenseits des Baches in nordöstlicher Richtung. Einsame Pferdekoppeln und Viehweiden reichen bis tief in den Eichenwald hinein. Der Weg ist an einigen wenigen Stellen von den allradgetriebenen Fahrzeugen der Pferdehalter und Jäger ziemlich zerpflügt. Bei feuchter Witterung ist wetterfestes Schuhwerk dringend zu empfehlen. Wer sich ruhig und unauffällig verhält, wird möglicherweise durch den Anblick des scheuen Reh- oder Schwarzwildes am Rand dieser wenig begangenen Route entschädigt.

Nach dieser reizvollen Passage gelangen wir ins Gewerbegebiet von Grafschaft-Gelsdorf. Gleich hinter dem Orchideenzuchtbetrieb folgen wir der Straße im Bogen nach rechts, unterqueren die Bundesstraße und laufen in südlicher Richtung an modernen Industrie- und Gewerbebetrieben vorbei. Dann taucht das Zentrum für Nachrichtenwesen der Bundeswehr auf der linken Straßenseite auf. Stacheldraht und kameraüberwachte Streckmetallzäune riegeln die „Festung der Schlapphüte" mit ihrem atombombensicheren Bunkerhügel in der Mitte hermetisch gegen unbefugten Zutritt von außen ab. Mit ein wenig Beklemmung passieren wir zügig diese an die ehemalige innerdeutsche Grenze erinnernde Stätte. Dahinter führt der Weg wieder durch ein kleines Waldgelände. Am anderen Ende folgen wir dem Waldrand nach rechts in südlicher Richtung, bis wir auf einen Querweg stoßen. Ein dunkel gestrichenes Holzkreuz steht an der Waldspitze. Dort geht es nach links weiter. Wir überqueren den gut befestigten Fahrweg (die Verlängerung der bereits erwähnten Verbindungsstraße zum ehemali-

Der Weg führt uns geradeaus nach Holzweiler

Ahrgebirge

Langsam löst sich der herbstliche Morgennebel über Rech im Ahrtal

gen Regierungsbunker) und wandern vorbei an Feldern und Obstplantagen hinunter ins malerisch gelegene Holzweiler im Swistbachgrund.

Zahlreiche archäologisch bedeutsame Funde rund um Holzweiler beweisen, dass dieser Ort bereits zur Zeit der Römer (100-250 n. Chr.) bereits relativ dicht besiedelt war. Auch heute zieht der Ort noch zahlreiche Häuslebauer an. Viele neue Einfamilienhäuser sind in den letzten Jahren errichtet worden. Weit über die Grenzen des Ahrkreises ist der Ort vor allem durch seine „Panoramasauna", einem modernen Wellness-Komplex mit Swimmingpool, FKK-Gelände und einer erwähnenswerten Gastronomie ein Begriff geworden. Wir wandern über den Swistbach und die Kreisstraße hinweg an der Kirche vorbei und biegen an der Panoramasauna nach links ab. Über den Parkplatz geht es an der Umzäunung vorbei Richtung Waldspitze.

Wir folgen nun dem Waldsaum in nördlicher Richtung Vettelhoven. Das schmucke Dörfchen mit seinem hinter hohen Zäunen und altem Baumbestand versteckten Schloss (Privatgelände), seinen hübsch restaurierten Fachwerkhäusern und der malerischen Backsteinkapelle lohnt einen kurzen Abstecher.

Wieder auf unserem Wanderweg zurück geht es am 1726 errichteten Heiligenhäuschen mit der verwitterten Statue des Hl. Antonius von Padua vorbei weiter am Wald entlang in östlicher Richtung (**5**). Kurz vor Erreichen der quer verlaufenden Landstraße Rheinbach – Bad Neuenahr (L83) biegen wir nach rechts.

Knapp 500 Meter geht es zunächst am Waldrand entlang, dann an Streuobstwiesen und Viehweiden geradeaus weiter bis zur nächsten Wegekreuzung. Schließlich laufen wir nach rechts auf den Wald zu und auf dem Wanderweg (**5**) am Waldrand entlang gelangen wir wenig später zum Ausgangspunkt unserer Wanderung.

Start / Ziel: Wanderparkplatz „An der Hubertushütte" bei Bölingen

Kategorie: Leichte Rundwanderung, 16 Kilometer, ganzjährig begehbar, nach Regenfällen teilweise morastig

Einkehrmöglichkeiten / Besonderheiten: Im Gasthof „Swistbachschänke" in Holzweiler (Telefon 0 26 41 - 34 579), alternativ Rucksackverpflegung

Anfahrt: Autobahn A 61 – Meckenheimer Kreuz – Richtung Altenahr – Anschlussstelle Gelsdorf – der Ausschilderung Richtung Bad Neuenahr-Ahrweiler folgen – Gelsdorf – nach ca. 2 km Kreisverkehr – weiter Richtung Bad Neuenahr-Ahrweiler – Vettelhoven – nach ca. 1,5 km an der Gärtnerei (direkt am Ortseingang Bölingen) rechts abbiegen – dem Wirtschaftsweg ca. 800 m bis zum Wanderparkplatz folgen

Information: Wanderkarte 1:25 000 des Eifelvereins Nr. 9 „Das Ahrtal", Tourismus und Service GmbH, Felix-Rütten-Straße 2, 53474 Bad Neuenahr-Ahrweiler, Telefon 0 26 41 - 97 73 0, Fax 0 26 41 - 97 73 73, info@wohlsein365.de, www.wohlsein365.de

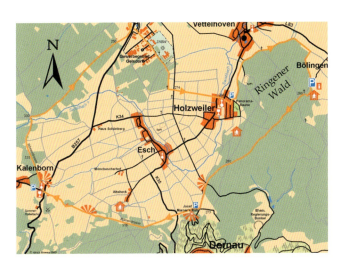

Ahrgebirge

Aremberg

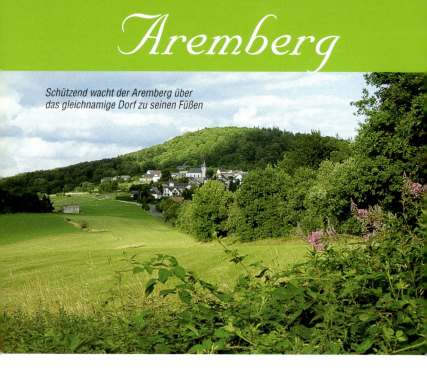

Schützend wacht der Aremberg über das gleichnamige Dorf zu seinen Füßen

Ende im Pulverdampf
Eine historische Rundwanderung um den Aremberg

Vor etlichen Millionen Jahren, im Tertiär, bebte die Erde in der Eifel immer wieder heftig. Mit unvorstellbarer Kraft sprengten rot glühende Lavamassen aus dem Erdinnern das devonische Urgestein und traten ans Tageslicht. Als der feurige Spuk beendet war, blieben mächtige Basaltkegel zurück, die fortan das Bild dieser Landschaft prägten. Einer der größten tertiären Vulkane ist der 623 Meter hohe Aremberg. Seine dunkle Silhouette beherrscht das gesamte obere Ahrtal. Es besteht guter Grund zur Annahme, dass bereits die Römer die strategisch wichtige Höhe in unmittelbarer Nähe einer für sie bedeutenden Straße für militärische Zwecke nutzten und dort einen Wachturm (specula) errichtet haben. Der „Ärbersch", wie die Einheimischen den Aremberg heute noch nennen, hieß ursprünglich Arberg oder Ahrberg. Er gab sowohl dem Dorf am Fuß des Berges als auch dem mächtigen Adelsgeschlecht der Herren von Arenberg seinen Namen. Im 12. Jahrhundert erbauten diese auf dem strategisch wichtigen Bergkegel eine mächtige Burg. Mit der wachsenden Bedeutung des Hauses von Arenberg wuchs ebenso die Bedeutung der Burg. Als ihre Herren 1644 die Herzogswürde erhielten, entstand eine gigantische Befestigungsanlage, die etwa um 1670 den gesamten Aremberg bedeckte. Selbst die Truppen Ludwig XIX., bei ihren Raubzügen durch die Eifel, wagten zunächst nicht, den Aremberg anzugreifen. Die Festung galt als uneinnehmbar. Diese Standhaftigkeit war allerdings auch ganz schön teuer. Deshalb entschloss sich ihr Besitzer nach dem Frieden von Nijmegen im Jahre 1679, die Garnison aufzulösen. Drei Jahre später, im Februar 1682 bemächtigten sich französische Truppen der unbewachten Festung bei Nacht und Nebel. Durch diesen Coup gelangten sie in den Besitz riesiger Mengen an Kriegsmaterial, unter anderem 46 Geschütze. Sie beschlossen, die Festung für eine Garnisonsstärke von 3000 Mann auszubauen, die von Aremberg aus zu neuen

Raubzügen aufbrechen sollten. Dazu wurden 400 Soldaten und 200 Arbeiter bei den Bauarbeiten eingesetzt. Doch dann kam plötzlich alles ganz anders. Durch eine falsch berechnete Sprengung wurde die Wasserversorgung des Arembergs zerstört. Da eine Festung ohne Wasser keinen Sinn macht, zogen die glücklosen Besatzer wieder ab. Zuvor aber demolierten sie die gesamte Festungsanlage mit gewaltigen Sprengungen so, dass ein Wiederaufbau nicht mehr sinnvoll gewesen wäre. Die militärische Ära des Aremberges endete im Pulverdampf.

Aremberg

Die Herzöge von Arenberg (die Adelsfamilie hat die alte Schreibweise Arenberg stets beibehalten) kehrten bald darauf zurück und erbauten auf den Ruinen der Festung ein glanzvolles Schloss. Dessen Ende besiegelten die französischen Revolutionstruppen. Nach erneuter Besetzung wurde das Schloss zu Beginn des 19. Jahrhunderts auf Abbruch verkauft. Nur die frühere Vogtei und die barocke Pfarrkirche von Aremberg erinnern an die frühere fürstlichen Herrlichkeit.

Wir wollen dieser Geschichte nachspüren und starten unsere Rundtour vom Wanderparkplatz unterhalb der Straßenkreuzung am Orts-

Ahrgebirge

Mauerreste tauchen im Unterholz auf

eingang von Aremberg. Der ursprünglich bäuerliche Charakter des Dorfes weicht mehr und mehr dem eines städtischen Wohnens auf dem Lande. Der letzte „Tante-Emma-Laden" hat längst dicht gemacht. Heute bilden die gemütliche „Burgschänke" und das barocke Kirchlein den Ortsmittelpunkt. An Wochenenden und nach Feierabend wird überall gewerkelt und restauriert. Manch hübsch anzusehendes Fachwerk fällt ins Auge. Die Dorfstraße führt uns hinauf zur alten Vogtei. Dicke Mauern schützen das private Anwesen vor neugierigen Blicken und verleihen dem historischen Gemäuer Ehrfurcht und Distanz. Schließlich war es einst errichtet worden, um die herrschaftlichen Interessen bei den plebejischen Untertanen zu vertreten.

Auf historischem Pflaster ziehen wir bergwärts, stets nach rechts und links spähend, um im Unterholz des Buchenwaldes steinerne Reste der einstigen feudalen Herrlichkeit zu erspähen. Hier und da werden wir fündig. Zwischen Brombeerranken, Efeu und Brennnesselgestrüpp tauchen Mauerfragmente auf. Der Weg wird steiler und wir ahnen, dass die von üppigem Grün überwucherten Hügel und Gräben einst Bastionen und Kasematten, Vorwerke und Kurtinen, Faussebrayés und Unterstände darstellten. Auf dem obersten Plateau angekommen, werden die Formen deutlicher. Wie steinerne Denkmäler ragen die Überreste der Schlossmauern vereinzelt empor. Gottfried Kinkel, der wenige Jahre nach der Zerstörungen auf einer seiner Ahrwanderungen an diesem Ort weilte, war beim Anblick des riesigen Ruinenfeldes nach eigenen Worten „von tiefem Schmerz erfüllt".

Der Aussichtsturm (vor der Restaurierung) soll schon bald wieder nutzbar sein

Ahrgebirge

Mit Stroh gedecktes
Haus in Eichenbach

Wenig später, im Jahr 1854, wurde auf dem Aremberg ein steinerner Aussichtsturm errichtet, der im Jahr 2004, nach jahrelanger Sperrung wegen Baufälligkeit, wieder restauriert wird. Schon bald soll der uneingeschränkte Blick auf das umliegende Eifelland für den Wanderer wieder möglich sein. Dem „Förderverein Burgruine Aremberg" sei an dieser Stelle ein Wort des Dankes gegönnt. Mit Unterstützung der fürstlichen Familie hat er sich ferner zum Ziel gesetzt, den früheren Turnierplatz wieder herzustellen und einen „Geschichtspfad" sowie einen „Naturkundlichen Lehrpfad" rund um den Aremberg anzulegen. Wenn alles gut geht, will man die Vorhaben bis 2005 realisiert haben.

Auf dem selben Weg, den wir gekommen sind, geht es wieder hinunter. Kurz vor der Vogtei biegen wir nach rechts ab (**1**). Der Weg führt in Serpentinen durch das Naturschutzgebiet Aremberg immer bergab. Auf halber Berghöhe stoßen wir auf einen breiteren Querweg, auf dem wir nun ein kurzes Stück nach rechts weiterlaufen (**2**). Wir gelangen an eine markante Wegekreuzung. Rechts geht es nach Antweiler. Wir folgen dem Zeichen des Mühlrades nach links weiter talwärts. Mächtige alte Eichen säumen unseren Weg. Nach einer Weile tauchen im Talgrund die ersten Häuser von Eichenbach auf. Wir überqueren den gleichnamigen Bach und wandern auf der Dorfstraße nach links weiter.

Der Strukturwandel in der Eifel machte auch vor Eichenbach nicht halt. Während es in den letzten 100 Jahren die Landbevölkerung vermehrt in die Städte drängte, übte das abgelegene „Nest" Eichenbach schon früh eine starke Anziehungskraft auf die Menschen aus den Ballungsgebieten am Rhein aus. Von der einst landwirtschaftlich geprägten Dorfstruktur ist nicht mehr viel übrig geblieben. Moderne Wochenendbungalows und zu schmucken Landsitzen „umfunktionierte" ehemalige Bauernhöfe bestimmen heute die Heimat des Kesselflickers „Bläke Fritz", jenes legendären Originals, dessen Anekdoten tiefe Einblicke in die Seele des Eiflers gewähren. Friedrich Braun, wie er in Wirklichkeit hieß, lebte bis 1930 in Eichenbach. Sein altes Haus mit der typischen zweigeteilten „Klöntür" liegt jenseits des Eichenbaches. Wunderschön restauriert ist es heute im Privatbesitz. Ein weiteres, sehr hübsch wieder hergerichtetes Haus mit originalgetreuer Strohdeckung liegt unmittelbar an der Dorfstraße.

Außerdem lädt der für seine gute Küche bekannte Landgasthof „Zum Wiesengrund" mit Biergarten zur gemütlichen Rast ein. Erwähnenswert ist zudem ein Abstecher zur oberhalb des Dorfgast-

Ahrgebirge

97

Blick vom Kapellenweg auf dem Aremberg

hofes am Weg nach Wershofen gelegenen „14 Nothelfer-Kapelle".

Wir haben das Dörfchen hinter uns gelassen. Gleich hinter den letzten Wochen-endhäusern im sogenannten „Frohnseifen" gabelt sich der Weg. Wir halten uns rechts und wandern in westlicher Richtung auf dem breiten Forstweg weiter in westlicher Richtung durch den ausgedehnten Staatsforst Honerath (**2**). Im Som-mer sorgen die köstliche Beeren und im Herbst schmackhafte Pilze am Weg im-mer wieder für längere Verweilzeiten. Wenn das idyllisch gelegene „Forsthaus Gier-scheid" rechts vom Wege auftaucht, ist kurze Zeit später die Landesgrenze zwi-schen Rheinland-Pfalz und Nordrhein-Westfalen erreicht. An der markanten We-gekreuzung stoßen wir auf die von Blankenheim kommende „Römerstraße". Auf ihr geht es nun nach halb links weiter auf einem breiten Forstweg schnurgerade in südöstlicher Richtung (**3/5/24**). Nach etwa einem Kilometer stoßen wir an der Schutzhütte auf die quer verlaufende Kreisstraße K41 von Lommersdorf nach Aremberg. Nachdem wir sie überquert haben, geht es geradeaus am hier oben entspringenden Aulbach entlang etwa einen Kilometer nach Süden (**24**). Nach links geht es dann bergauf auf dem schwarzen Dreieck markierten „Erft-Lieser-Wanderweg" (◄, **3**) nach Osten weiter. Im lichten Fichtenwald säumen Blaubeer-büsche unseren Weg. Vorbei an der hübschen „Erzengel Michael-Kapelle" und dem Schullandheim laufen wir die von hohen Bäumen gesäumte Allee hinunter zum Ausgangspunkt unserer Tour. Kurz vorher genießen wir noch einmal den fantas-tischen Ausblick von hier oben auf die Nürburg und die Hohe Acht.

Start / Ziel: Wanderparkplatz „Kapellenstraße" am Ortseingang von Aremberg

Kategorie: Leichte Familien-Rundwanderung, 13 Kilometer, ganzjährig begehbar

Einkehrmöglichkeiten / Besonderheiten: Im Gasthof/Pension „Burgschänke" in Aremberg (sehr wandererfreundlich: Küche durchgehend geöffnet, große Sonnenterasse mit einzigartigem Panoramablick – Spezialität: Selbstgemachte Waffeln mit heißen Kirschen - Mi. u. Do. geschl., Telefon 0 26 93 - 391, Fax 0 26 93 - 93 01 18) und im Gasthof/Pension „Wiesengrund" in Eichenbach, Di. geschl., Telefon 0 26 94 - 378, Fax 0 26 94 - 672, www.hotel-wiesengrund.com, alternativ Rucksackverpflegung

Anfahrt: Autobahn A1 – Anschlussstelle Blankenheim (vorläufiges Autobahnende) – Richtung Nürburgring – nach 8 km links abbiegen Richtung Lommersdorf – der Ausschilderung Richtung Aremberg auf Kreisstraße K41/K7 folgen – nach 4 km an der Kreuzung am Orteingang nach rechts auf Kreisstraße 5 Richtung Dorsel – nach 50 m liegt der Wanderparkplatz in der Kurve rechts der Straße

Information: Wanderkarte 1:25 000 des Eifelvereins Nr. 11 „Oberes Ahrtal", Tourist-Information Hocheifel/Nürburgring, Kirchstraße 15, 53518 Adenau, Telefon: 0 26 91 - 305 16, Fax: 0 26 91 - 305 18, info@hocheifel-nuerburgring.de

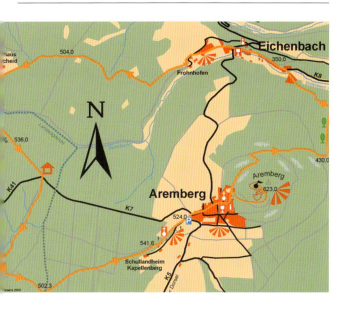

Ahrgebirge

Hochthürmen

Der Hochthürmen gehört zu den schönsten Bergen der Eifel.

Wache schieben für Rom
Erlebnisse rund um den Hochthürmen

Um ein Weltreich wie das der Römer zu errichten und lebensfähig zu erhalten, bedurfte es von Anfang an eines effektiven Kommunikationssystems zur umfassenden Kontrolle. Boten alleine wären zu langsam gewesen, insbesondere in den tal- und waldreichen Regionen der rheinischen Mittelgebirge. Deshalb bauten die Römer ein Netz von Wachtürmen (lat. Specula), von denen sie alles beobachten konnten, was um sie herum im Lande geschah. Diese Wachtürme hatten untereinander Sichtverbindung. Bei Tag konnte man mühelos mit einem Spiegel Signale von Turm zu Turm schicken. War das nicht möglich, z.B. bei Nebel oder Schneetreiben, benutzte man gewaltige trompetenartige Blashörner. Bei Nacht gab man sich mit Hilfe von Feuersignalen Zeichen. So wurden die Meldungen rasch von Turm zu Turm weitergegeben und erreichten in kürzester Zeit den Kommandeur des nächsten Kastells. Diese Kastelle standen wiederum in unmittelbarer Verbindung zur nächstgrößeren Garnison. Das System funktionierte offensichtlich über einen langen Zeitraum sehr zuverlässig. Römische Wachtürme standen in der Voreifel zwischen Münstereifel und Rheinbach vermutlich auf dem Michelsberg, dem Speckelstein, an Stelle der späteren Tomburg und auf dem Hochthürmen, dem Zentrum unserer heutigen Erlebnistour.

Wir starten am Wanderparkplatz „Hochthürmen" im Wald oberhalb von Lanzerath. Unser Wanderweg (**9**) führt uns zunächst in südwestlicher Richtung um den Berggipfel herum. Er verläuft dabei ein gutes Stück an der Landesgrenze zwischen Nordhein-Westfalen und Rheinland-Pfalz entlang, die gleichzeitig die Kreise Euskirchen und Ahrweiler voneinander trennt. Kurz nach der Stelle, wo wir auf den von Kirchsahr herauf kommenden „Ahr-Venn-Weg" stoßen, führt ein schmaler Trampelpfad nach links durch den Fichtenwald auf den Gipfel des knapp 500 Meter hoch gelegenen Hochthürmen.

Das geschulte Auge erkennt schnell die Reste des Abschnittwalls, der sich einst den Gipfelstürmern entgegenstellte. Die von dichten Krüppeleichen bestandene Bergspitze ist übersät von bemoosten Basaltblöcken. Es gehört viel Fantasie dazu, sie einem römischen Bauwerk zuzuordnen. Trotz der fehlenden Aussicht lohnt sich der Abstecher auf die landschaftsprägende Höhe. Sie ist ein so genannter Domberg vulkanischen Ursprungs aus der Tertiärzeit, bei dem vor etwa 30 Millionen Jahren feurige Magma die mächtige und feste Devondecke nur kuppelförmig anzuheben, jedoch nicht zu durchstoßen vermochte.

Wieder zurück auf dem Wanderweg setzen wir unsere Tour in östlicher Richtung fort. Der Wald lichtet sich und gibt den Blick frei auf die bewaldeten Höhen der Voreifel. Knapp einen

Der Gipfel ist übersät von Basaltbrocken. Bildeten sie einst das steinerne Fundament eines Wachturms?

Kilometer weiter knickt unser Weg an der Waldspitze nach rechts ab. Er führt uns hinunter an den Ortsrand von Häselingen, wo wir auf die Kreisstraße K30 stoßen. Wir folgen der wenig befahrenen Straße weiter bergab Richtung Burgsahr. Nach etwa 500 Metern im Bereich der S-Kurve erwartet uns ein Landschaftserlebnis ganz besonderer Art. Durch einen tiefen Taleinschnitt genießen wir die Aussicht über das Sahrbachtal hinüber zum Michelsberg. Wie eine Burg thront die Wall-

Ahrgebirge

Blick über das Sahrbachtal zum Michelsberg

fahrtskapelle St. Michael auf seinem Gipfel als weithin sichtbares Symbol Eifler Volksfrömmigkeit (s. Band 3 „Erlebnis Eifel – Wandern zwischen Himmel und Erde"). Was für ein wunderbares Land!

Auf dem kleinen Hügel am Ende der S-Kurve steht ein einsames Wochenendhaus. Hier verlassen wir die Straße nach rechts und wandern hinüber zu der versteckt im Wald liegenden Wochenendhaussiedlung. Es sind überwiegend Städter aus dem Köln-Bonner Ballungsraum, die hier in der Abgeschiedenheit ihren Traum vom Wohnen in der Natur auf unterschiedlichste Art und Weise verwirklicht haben. Mitten in der gepflegten Idylle biegt unser Wanderweg nach rechts ab. Wir folgen dem Wegweiser nach Binzenbach auf dem steil abfallenden Pfad in ein dunkles Tal. Im Winter und nach Regenfällen ist das nicht ganz ungefährlich (Rutschgefahr!). Der Wanderstock erweist sich als sehr nützlicher Begleiter. Im Talgrund liegt eine einsame Wiese. Die zahlreichen mannshohen Zielscheiben verraten, dass hier ein ganz besonderer Sport getrieben wird, das Jagdschießen mit Pfeil und Bogen. Wir laufen nach rechts um das Wiesengelände herum und erreichen wenig später die ersten Häuser von Binzenbach im Sahrbachtal.

Der Bergbau bestimmte im 19. Jahrhundert das Leben im Tal des Sahrbachs, der bei Kreuzberg in die Ahr mündet. In erster Linie waren es Zinkerze und Bleiglanz (Glasurerz), die hier abgebaut und teilweise verarbeitet wurden. In Binzenbach gab es damals sogar eine Bleischmelze. Überall im Tal und in den Wäldern rauchten die Meiler der Köhler. Die Gewinnung von Holzkohle gehörte zu den wichtigen Einnahmequellen der armen Bevölkerung, denn das Tal mit seinen steinigen Steilhängen war nicht besonders für die Landwirtschaft geeignet. Im Rheinischen Freilichtmuseum im Kommern steht übrigens ein wieder aufgebautes Bauernhaus aus Binzenbach. Es vermittelt dem Besucher eine ungefähre Vorstellung, unter welchen Bedingungen die Menschen früher im Sahrbachtal lebten.

Wir haben die Landstraße L77 am östlichen Ortsrand überquert. Eine Bank lädt zur kurzen Verschnaufpause ein, bevor es gleich dahinter nach rechts auf dem „Naturfreundeweg" (**N**) den kleinen Hügel zu den Wochenendhäusern hinaufgeht. Im Sommer 2003 war an dieser Stelle keine Wegemarkierung vorhanden. Gegenüber dem letzten Grundstück auf dem Hügelvorsprung zweigt ein gut erkennbarer schmaler Pfad nach links ab. Durch das von niedrigen Krüppeleichen bewachsene Waldgelände geht es am felsigen Osthang des Effelsberger Bachs entlang in westlicher Richtung. Nach etwa einem halben Kilometer gabelt

sich der Weg. Wir halten uns links taleinwärts. Einen Kilometer weiter treffen wir auf einen breiten Weg. Wir folgen dem hölzernen Wegweiser zum Radioteleskop nach rechts (**9**). Kurze Zeit später taucht die gigantische eiserne Konstruktion über den Bäumen vor uns auf.

Erinnerungen an den Bergbau in Binzenbach

Seit dem 1. August 1972 erforscht das Bonner Max-Planck-Institut für Radioastronomie (MPIfR) mit diesem großartigen Meisterwerk der Ingenieurskunst die unendlichen Weiten des Universums nach Antworten auf die Fragen der Wissenschaft. Über 100 Meter hoch ragt die Schüssel des zweitgrößten Radioteleskops der Welt in den Eifelhimmel. Seine Funktion ist ähnlich die der jedermann bekannten Satellitenschüssel daheim. Der riesige, in einem Winkel von 90° schwenkbare Parabolspiegel mit einer Fläche von 7850 Quadratmetern und einem Durchmesser von 100 Metern, kann selbst extrem schwache Radiosignale aus dem Weltall empfangen. Gewaltige elektrische Fahrmotoren sorgen dafür, dass die gesamte Konstruktion sich in alle Himmelsrichtungen millimetergenau ausrichten lässt. Was für eine Entwicklung seit der Zeit, als römische Posten vom Hochthürmen ins Land spähten!

Ahrgebirge

Beeindruckt von so viel moderner Technik wandern wir weiter durch das stille Tal. Kühe grasen auf den Wiesen am Ufer des Bächleins. Ein Fischreiher fühlt sich durch uns belästigt. Mit kräftigen Flügelschlägen schwingt er sich in die Höhe und nimmt Reißaus. Weiter oben im Tal mündet unser Wanderweg in einen asphaltierten Wirtschaftsweg. An dieser Stelle biegen wir nach rechts ab und gelangen durch ein weiteres Tälchen immer geradeaus am Damwildgehege vorbei zum Ortsrand des Dörfchens Wald. Dort biegen wir gleich in die erste schmale Gasse nach rechts ab (**A1**). Nach etwa 50 Metern biegen wir nach links in die Antoniusstraße. Nach weiteren 100 Metern geht es nach rechts auf der Dorfstraße entlang und am Kirchlein vorbei geradewegs nach Südosten. Spätestens jetzt hätten uns die römischen Wachen auf dem Hochthürmen entdeckt, denn hinter dem Wald laufen wir über freies Feld auf den ausdrucksvollen Berg zu. An der Feldscheune vorbei gelangen wir an eine markante Wegekreuzung. Hier biegen wir nach links ab (8). Ein mit frischen Blumen geschmückter Bildstock am Waldrand zeugt von der tiefen Frömmigkeit der Bevölkerung in diesem Teil der Eifel. Kurz bevor wir den Ortsrand von Limbach erreichen, steht ein weiterer Bildstock am Wege. Wir wandern an der Hauptstraße entlang geradewegs durch das ruhige Dörfchen Limbach, durchqueren anschließend das Tal mit dem gleichnamigen Bach und erreichen wenig später Houverath.

Zur Gemeinde Houverath gehören die sechs Ortschaften Scheuren, Wald, Limbach, Lanzerath, Eichen, Maulbach und das Gut Unterdickt an der Landstraße von Münstereifel nach Rheinbach. Der Ort selbst liegt auf einem durch mittelalterliche Rodung in Ackerland umgewandelten Höhenplateau. Die wenigen noch bestehenden landwirtschaftlichen Betriebe setzen heute überwiegend auf Viehzucht und Pferdehaltung. Auf unserer Wanderung entlang der wenig befahrenen Straße ist der Wandel vom bäuerlich-ländlichen Dorf zum städtisch geprägten Pendler-Wohnort deutlich erkennbar. Im Zentrum nahe der Straßenkreuzung entdecken wir im Sommer 2003 nur noch eine Wirtschaft, aber es ist deutlich erkennbar, dass der Handel im Umfeld mehr und mehr stagniert. Wir haben die Hauptstraße überquert und setzen unseren Weg nach Osten auf der Straße nach Eichen fort. Hinter dem Sportplatz gabelt sich der Weg. Wir halten uns rechts und gelangen an einem hübschen Fachwerkhäuschen und einem ziemlich verwilderten alten Bauernhof vorbei zu unserem nächsten Ziel im Talgrund abseits des Ortes, der alten Pfarrkirche St. Thomas.

Umgeben von einer dicken Mauer und beschattet von alten Bäumen betreten wir den Kirchhof durch ein schmiedeeisernes Tor. Die kleine dreischiffige Anlage entstand im 15. Jahrhundert, wenngleich der einschiffige romanische Kernbau aus dem 12. Jahrhundert stammt. Zweimal wurde sie bereits restauriert (1764 und 1935). Gerne hätten wir das Innere des Kirchleins besucht, aber wie die meisten einsam gelegenen Gotteshäuser der Eifel ist auch St. Thomas aus Si-

Das zweitgrößte Radioteleskop der Welt steht im Tal bei Effelsberg

Ahrgebirge

St. Thomas im Tal des Houverather Bachs

cherheitsgründen fest verschlossen.

Hinter dem Kirchhof setzen wir unsere Tour fort. Quer durch die Viehweiden, die von alten Weidenbüschen gesäumt werden, führt ein schmaler Pfad hinüber zum Houverather Bach. Wir überqueren ihn und marschieren nach rechts weiter am Ufer entlang bis zur Brücke über den Hasenbach, der von links aus einem weiteren Tal herunterkommt. Wenige Meter weiter vereinigt er sich mit dem Houverather Bach zum Sahrbach. Wir biegen nach links und wandern durch das Hasenbachtal bergauf. Nach etwa 500 Metern gabelt sich der Weg. Wir halten uns nun rechts und gelangen durch den Wald hinauf zur Landstraße. Rechts am Hang liegt Lanzerath. Entlang der „Hochthürmer Straße" geht es durch den Ort am Seniorenheim der Arbeiterwohlfahrt vorbei bergauf in Richtung Krälingen. Im Bereich der großen Linkskurve am Dorfrand weist ein hölzerner Wegweiser nach rechts (**2**). Leicht ansteigend verläuft der Weg nach Westen. Je höher wir kommen, desto schöner wird der Ausblick auf unser Wandergebiet. Weiter oben gelangen wir auf einen breiteren Weg, dem wir die paar Meter nach rechts bis zum Hochwald folgen. Dann heißt es aufpassen! Der schmale Pfad (**2**) führt nach links am Waldrand entlang durch ziemlich dicht stehendes Gebüsch (Zeckengefahr!) steil nach oben. Nur wenige Minuten später sind wir dann am Ausgangspunkt unserer Tour angelangt.

Start / Ziel: Wanderparkplatz „Hochthürmen" bei Lanzerath

Kategorie: Eher leichte Rundwanderung, 16 Kilometer, ganzjährig begehbar, witterungsabhängig (nach starken Regenfällen und bei Eis und Schnee wegen Ausrutschgefahr abschnittsweise eingeschränkt)

Einkehrmöglichkeiten / Besonderheiten: Rucksackverpflegung empfohlen, Wanderstöcke nicht vergessen!

Anfahrt: Autobahn A61 – Anschlussstelle Rheinbach – in Rheinbach links abbiegen auf Landstraße L113 Richtung Merzbach/Bad – Scheuren – nach ca. 1,2 km links abbiegen – weiter auf Landstraße L497 nach Houverath – nach ca. 1 km im Tal links abbiegen auf Kreisstraße K52 – nach ca. 1 km rechts nach Lanzerath – im Ort auf der „Hochthürmer Straße" weiter Richtung Krälingen – nach ca. 500 m dem Wegweiser nach rechts zum Wanderparkplatz „Hochthürmen", ca. 1 km

Information: Wanderkarte 1:25 000 des Eifelvereins Nr. 7 „Bad Münstereifel", Eifel-Touristik Agentur NRW e.V., Postfach 1346, 53897 Bad Münstereifel, Telefon 0 22 53 - 92 22 22, Fax 0 22 53 - 92 22 23, info@eifel-tourismus.de, www.eifel-tourismus.de

Ahrgebirge

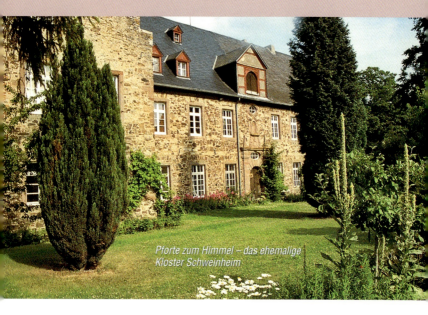

Pforte zum Himmel – das ehemalige Kloster Schweinheim

Geheimnis im Wald

Auf Entdeckungstour zwischen Rheinbach und Steinbachtal

„Schornbusch" nennt man das ausgedehnte Waldgelände zwischen Rheinbach und Flamersheim. Wie der angrenzende Rheinbacher Stadtwald gehört es seit vielen Jahren zu den beliebtesten Naherholungsgebieten der Region. In der Zeit des „Kalten Krieges" entstand rund um den „Speckelstein" (lat. *Specula* = Warte, vermutlich Standort eines römischen Beobachtungsturms), der mit 315,3 m höchsten Erhebung im Wandergebiet, ein streng bewachtes militärisches Sperrgebiet. Was sich hinter dem hohen Zaun verbirgt, ist auch heute noch für die Öffentlichkeit ein Geheimnis.

Wir starten unsere Rundwanderung am Wanderparkplatz „Am Speckelstein" östlich der Landstraße L493, die von Rheinbach nach Loch führt. Nachdem wir die Straße überquert haben, marschieren wir auf dem „Schweinheimer Pfad" einen halben Kilometer in westlicher Richtung durch den Mischwald. An der nächsten Wegekreuzung steht eine Schutzhütte. Weiter geradeaus geht es nicht weiter, denn dort ist der Weg versperrt. Deshalb biegen wir nach links auf die „Locher Allee" ab. Nach weiteren 500 Metern geht es nach rechts leicht bergab weiter. Dann liegt plötzlich die verschlossene Zufahrt zum umzäunten Militärgelände vor uns, das wir umgehen müssen. Wir wandern daher halb rechts weiter, bis wir auf eine Wegekreuzung stoßen. Hier biegen wir nach rechts ab. Kurze Zeit später treffen wir erneut auf den „Schweinheimer Pfad", den wir nun überqueren und in nördlicher Richtung weiterlaufen. Die unmittelbare Nähe des militärischen Sperrgebiets hat durchaus positive Aspekte für den Naturschutz. Im dichten Waldgelände hinter dem Stacheldraht finden z.B. seltene Vogelarten wie Habicht und Sperber einen Lebensraum, wo sie weitgehend ungestört ihrem Brutgeschäft nachkommen können. Auch Eulen gehören zu den Nutznießern. Die Spuren ihrer nächtlichen Jagdausflüge finden aufmerksame Naturfreunde auf dem Waldboden. Was sie nicht verzehren können, würgen die Eulen in Form von grauen, fingerlangen „Würsten" einfach wieder aus. Das so genannte „Gewölle" besteht hauptsächlich aus Mäusehaaren und -knochen. Deutlich erkennbar sind die mit spitzen Zähnen bewehrten Kieferreste der erbeuteten Nager.

An einer größeren Lichtung macht unser Weg einen Bogen nach rechts. Wir wandern geradeaus einen Kilometer nach Osten. Dort treffen wir auf eine befestigte Zufahrtstraße zum geheimnisvollen Militärgelände. Wir folgen ihr nach links hinunter zur Landstraße L119, der früheren

Nur ein geschultes Auge nimmt den flachen Graben und den dahinter liegenden ebenen Hügel wahr

Voreifel

„Ringsheimer Allee". Gegenüber der Einmündung beginnt eine breite Forststraße, die „Speckelsteiner Allee". An dieser Stelle weist unsere Wanderkarte die „Alte Burg" als Kulturdenkmal aus. Wir können aber weder einen Wegweiser noch eine Hinweistafel zu diesem Ort entdecken. Auch sorgfältige Recherchen in der einschlägigen Literatur, im Internet, bei der Stadt Rheinbach und beim Kreis Euskirchen geben uns im Vorfeld der Tour keinerlei Anhaltspunkte. Also machen wir uns „vor Ort" auf die Suche. Und wir werden fündig. Knapp 50 Meter von der Landstraße führt ein kaum sichtbarer Pfad nach links ins Unterholz.

Nur ein geschultes Auge nimmt den flachen Graben und den dahinter liegenden ebenen Hügel wahr. Erschwerend kommt hinzu, dass die Spuren des Holzeinschlags die historisch bedeutsamen Umrisse der alten Wehranlage beschädigt haben. Was auch immer einmal an dieser Stelle gestanden hat – es hatte mit dem, was wir uns allgemein unter einer Burg vorstellen, kaum etwas gemein. Die vermutlich von einem Wassergraben umgebene etwa trapezförmige Fläche betrug kaum mehr als die eines Einfamilienhauses. Da wir weder Stein- noch Ziegelreste entdecken, könnte es sich um eine Holzkonstruktion gehandelt haben. Die Nähe zur alten Römerstraße von Blankenheimerdorf kommend über Münstereifel und Kirchheim nach Buschhoven könnte auf ein römisches Kleinkastell (ähnlich dem Kleinkastell im heutigen Niederkastenholz) schließen lassen. Vielleicht beherbergte es die Besatzung des Beobachtungspostens auf dem nahen Speckelstein. Schließlich verlief auch die römische Wasserleitung von Nettersheim nach Köln ganz in der Nähe. Oder stand an diesem Ort nur eine befestigte Hofanlage aus der Frankenzeit, eine so genannte „Motte"? Diese von einem Wassergraben umgebenen Erdhügel, auf denen oft nur ein einfacher (hölzerner) Wohnturm stand, finden wir häufig in der Voreifel. Das Geheimnis um die „Alte Burg" im Schornbusch bleibt für uns weiterhin rätselhaft.

Wir setzen unseren Weg nach Nordosten fort. Nach der langen Wanderung durch den Wald erwartet uns am Nordrand des Schornbuschs ein grandioser Ausblick auf das weite Tal der Swist vor dem grünen Band des Kottenforstes und dem eindrucksvollen Siebengebirgspanorama am Horizont. Am Waldrand marschieren wir nun nach links weiter in westlicher Richtung bis zum Hubertushof an der Spitze des Schornbuschs. Hinter den Feldern, umgeben von hohen Bäumen, taucht das nächste Ziel unserer Wanderung auf, die Burg Ringsheim. Um dort hin zu gelangen, biegen wir am Hubertushof zunächst nach rechts Richtung Odendorf ab. Nach wenigen hundert Metern geht es dann nach links weiter auf dem „Römerkanalwanderweg" am Ohrbach entlang nach Süden.

Die Wasserburg Ringsheim taucht in den Annalen erstmalig gegen Ende des 13. Jahrhunderts auf. Sie spielte immer wieder eine Rolle im Streit zwischen den Jülicher Grafen und dem Kölner Erzbischof. In den Wirren des dreißigjährigen Krieges wurde die Burg vollständig zerstört. Nach dem Wiederaufbau begann

Burg Ringsheim

Voreifel

alsbald wieder eine wechselvolle Geschichte. Zur Burg gehörte auch ein Dorf gleichen Namens, das aber schon zu Beginn des 18. Jahrhunderts aufhörte zu existieren. Es soll westlich des äußeren Burggrabens gestanden haben. Heute ist das Schloss in privatem Besitz und wird landwirtschaftlich genutzt. Ein Blick durch die grüne Mauer, die das altehrwürdige Anwesen umgibt, vermittelt einen Augenblick lang ein wenig Noblesse. Eine nähere Besichtigung ist nicht möglich. Wir überqueren noch einmal die Landstraße von Rheinbach nach Flamersheim in südlicher Richtung. Wir folgen dem „Ringsheimer Weg" den Bach entlang nach Schweinheim, unserem nächsten Etappenziel.

Als „Zwenheim" taucht der Ortsname erstmals zu Beginn des 14. Jahrhunderts auf. Der Name erinnert an die Schweinehirten, die früher ihre Herden in den Flamersheimer Wald zur Eichelmast trieben. Nach der Waldordnung aus dem Jahre 1564 hatten bereits alle ansässigen Bewohner der umliegenden Dörfer das

Fachwerk im „Musterdorf" Schweinheim

Recht, im Wald Schweine zu hüten. Heute gibt es im Ort höchstens noch Sparschweine, um die Renovierung der hübschen Fachwerkhäuser im Dorfzentrum zu finanzieren. Einen ersten Eindruck vom heutigen Leben im Dorf gewinnen wir in der „Weingartzgasse", die gleich am Ortsanfang nach links weiter führt. Ein hübsch restaurierter Fachwerkhof, Zeugnis der Baukunst aus dem 19. Jahrhundert liegt am Wege. Es muss ein ganz besonderes Lebensgefühl sein, in einem solchen Gebäude zu wohnen und zu arbeiten. Ein Rundgang durchs Dorf lohnt sich. Die Schweinheimer begegnen uns als freundliche und aufgeschlossene Mitmenschen. Schweinheim galt bereits vor dem 2. Weltkrieg als „Musterdorf", ein Titel, der heute dem Sieger im Wettbewerb „Unser Dorf soll schöner werden" entspricht. Sein Image als typisches Voreifeldorf mit dem ansprechenden Straßenbild, mit gepflegten Fachwerkhäusern, der sehenswerten (aber leider meist verschlossenen) Kapelle und dem auffallend hübschen Blumenschmuck im Sommer hat Schweinheim seither zu wahren gewusst. Von der früheren Burg aus dem 13. Jahrhundert ist nicht mehr viel zu sehen. Das einstige Burghaus wurde im 19. Jahrhundert abgerissen. Von dem alten Bestand blieben nur Teile der Vorburg erhalten. Entlang der „Irmelsgasse" geht es weiter nach Westen Richtung Flamersheim. Kurz vor dem Dorfende biegen wir am großen barocken Steinkreuz nach links

Barockes Steinkreuz

ab. An gepflegten Gärten vorbei geht es weiter durch die Felder in südlicher Richtung. Wir überqueren die breite Landstraße L210, die das Ahrtal mit der Kreisstadt Euskirchen verbindet. Auf der anderen Seite führt uns der Weg zunächst bis zum Klosterberg und an der Wegegabel halb links weiter am Hang entlang ins Steinbachtal. Edle Pferde grasen auf den Weideflächen rund um das ehemalige Kloster Schweinheim im Bachgrund.

Im 13. Jahrhundert gestiftet führte das adelige Zisterzienser-Nonnenkloster den Namen „Porta coeli", was so viel bedeutet wie „Himmelspforte". Das Kloster soll einst Reliquien von den unschuldigen Kindern zu Bethlehem besessen haben. Bis zur Säkularisation zu Beginn des 19. Jahrhunderts genoss das Kloster viel Ansehen und Reichtum. Danach verfiel es zur Ruine. Heute befindet sich der einstige Prachtbau renoviert im Privatbesitz. Er dient seit Jahren zahlreichen Kunstschaffenden der Region als geistiges Zentrum.

Wir wandern links am ehemaligen Kloster vorbei ein kurzes Stück in die Richtung, aus der wir gekommen sind. Hinter dem Anwesen an der Pferdekoppel mit den alten Nussbäumen knickt der Wanderweg

Idyllische Stille umgibt das alte Kloster

Voreifel

(**A5**) nach rechts ab. Über den Steinbach geht es auf dem gegenüber liegenden Ufer halb rechts hinauf zum „Krönungsweg" (▶, **10**/**A4**/**E8**). Wir folgen ihm nach links in östlicher Richtung auf den Hügel und durch den Wald weiter zum Parkplatz und der Wegekreuzung an der historisch bedeutsamen „Hahnenberger Straße", heute ein breiter Kommunal- und Forstweg. Wahrscheinlich war sie schon in vorrömischer Zeit Bestandteil einer wichtigen Verkehrsverbindung zwischen dem Eifelgebirge und dem Rheintal durch das ausgedehnte Waldgebiet des Flamersheimer Waldes. Unser Wanderweg (▶, **A9**) biegt im Kreuzungsbereich nach halb links zwischen die Stämme des jungen Waldes ab. Auf schmalem Pfad gelangen wir hinunter in den sumpfigen Grund des Pommersbachs und am anderen Ufer hinauf bis zum Waldrand. Vor uns liegt das weite Tal rund um Schweinheim mit seinen Streuobstwiesen und den grasenden Pferden. Von nun an folgen wir dem Waldrand nach Südwesten, überqueren den Düffelsbach, gelangen danach hinauf zur Waldspitze mit schönem Ausblick auf Queckenberg und anschließend hinunter in den Madbachgrund. An der Wegekreuzung wandern wir nach links durch die Streuobstwiesen und Johannisbeerplantagen auf der Dorfstraße hinauf nach Queckenberg. Wie in vielen kleinen Dörfern der Eifel befindet sich auch hier die alte Dorfstruktur im Wandel. Viehzucht und Ackerbau verschwinden zu Gunsten von städtisch orientiertem Wohnen. Die rustikalen alten Fachwerkhöfe werden aufwändig in idyllisch empfundene Lebens- und Wohnräume umgewandelt, in denen Stallgeruch und Hühnergegacker als eher als störend betrachtet werden.

Hinter der Dorfkapelle gelangen wir nach rechts über den „Kapellenweg" hinunter in das benachbarte Dörfchen Loch (▶, **7**). Umgeben von alten Streuobstwiesen und Bauerngärten begegnet uns auch hier idyllische Fachwerkromantik neben Überresten der alten landwirtschaftlichen Strukturen. Wir überqueren die Landstraße L210 und folgen dem „Emma-Karolinen-Weg" (▶, **7**) im Bogen bis zur nächsten Wegekreuzung am „Freudenblick". Geradeaus wandern wir weiter in das kleine Tal hinauf zum Waldrand am Fuß des Siebersberges. Eine Bank lädt zum Verweilen ein und wir genießen noch einmal den Blick zurück ins Tal, bevor es weiter durch den Wald bergauf geht. Schon nach wenigen Minuten erreichen wir den Waldrand auf der Höhe. Auf großflächigen Weiden grasen bunte Rinder im Schatten vereinzelter alter „Huteeichen". Im Schutz einer „Mauer" aus hohen Pappeln ducken sich die Häuser von Scherbach vor dem Nordwestwind. Unser Wanderweg führt uns an den Zäunen der Viehweiden entlang nach links auf den Wald zu. Nach rechts schweift das Auge hinüber zu den Hügeln des „Drachenfelser Ländchens" rund um Wachtberg, deutlich erkennbar am weißstrahlenden „Berkumer Ei". Dahinter bildet die unverwechselbare Silhouette des Siebengebirges die dunkle Grenze des weiten Horizontes.

An der Waldecke verlassen wir unseren Wanderweg, der weiter hinunter nach

Rheinbach führt. Wieder auf dem „Schweinheimer Pfad" angekommen, geht es nach links weiter und wir erreichen nach wenigen Minuten den Ausgangspunkt unserer Tour.

Start / Ziel: Wanderparkplatz „Am Speckelstein" an der Landstraße L493 Rheinbach – Ortsteil Loch

Kategorie: Eher leichte Rundwanderung, 18 Kilometer, weitgehend auf befestigten Wegen ganzjährig begehbar, witterungsunabhängig

Einkehrmöglichkeiten / Besonderheiten: Rucksackverpflegung empfohlen

Anfahrt: Autobahn A 61 – Anschlussstelle Rheinbach – Richtung Rheinbach – rechts abbiegen auf Bundesstraße B266 – Ortsumgehung Rheinbach bis zum Kreisverkehr am Ende – rechts abbiegen Richtung Loch/Bad Münstereifel – nach 3 km links auf den Wanderparkplatz „Am Speckelstein" im Wald abbiegen

Information: Wanderkarte 1:25 000 des Eifelvereins Nr. 7 „Bad Münstereifel", Eifel-Touristik Agentur NRW e.V., Postfach 1346, 53897 Bad Münstereifel, Telefon 0 22 53 - 92 22 22, Fax 0 22 53 - 92 22 23, info@eifel-tourismus.de, www.eifel-tourismus.de

Voreifel

Die alte Wallfahrtskirche „Heilig Kreuz" auf dem Kalvarienberg mit der Klagemauer

Durch das „Tor zur Eifel"

Geschichte auf Schritt und Tritt rund um Kreuzweingarten

Es gibt wohl kaum ein Dorf in der Eifel, über dessen Geschichte wir im Internet mehr finden können. Das liegt zum einen an seiner wirklich spannenden Vergangenheit, ist aber hauptsächlich der Verdienst einer jahrelangen akribischen Tätigkeit einer Gruppe engagierter Heimatforscher. Neugierig haben wir uns auf den Weg gemacht, um das geheimnisvolle „Wingarden" näher kennen zu lernen.

An der Bundesstraße B51 zwischen Euskirchen und Bad Münstereifel liegt der kleine Ort an der Stelle, wo die Erft das Eifelgebirge verlässt und durch das flache Eifelvorland zu ihrer Mündung in den Rhein bei Neuss weiterfließt. Bereits in der jüngeren Steinzeit siedelten Menschen in der Region. Im ersten Jahrtausend machten keltische Eburonen das Land urbar. Eine weitläufige Verteidigungsanlage auf dem Höhenrücken südöstlich der Erft, ein so genannter Ringwall, bot den Talbewohnern der Frühzeit Schutz vor eventuellen Angriffen. Dann kamen eines Tages die Römer. Die fruchtbaren Kalkböden, die gute Wasserversorgung und das sanfte Hügelland entsprachen offensichtlich genau den römischen Vorstellungen vom Wohnen auf dem Lande. Nachdem Cäsars Legionen die eburonischen Landbesitzer niedergemetzelt hatten, stand den landhungrigen Besatzern nichts mehr im Wege. Die Garnison im benachbarten Belgica vicus, dem heutigen Billig, sorgte für die notwendige Sicherheit und Rückendeckung. Schnell entwickelte sich Belgica zu einem Straßenknotenpunkt und Handelsplatz am „Tor zur Eifel". Am Ufer der Erft, mitten im heutigen Kreuzweingarten, bauten die Römer eine stattliche „Villa rustica", einen Gutshof mit großen Stallungen und Nebengebäuden, umgeben von einer steinernen Mauer.

Der fränkische Name „Wingarden" wird erstmalig 893 in schriftlichen Aufzeichnungen der Prümer Urbar erwähnt und bezeichnet einen so genannten Fronhofverband bestehend aus zehn Anwesen und zwei Mühlen. Es ist durchaus denkbar, dass an den Südhängen des Erfttals damals Weinbau betrieben wurde, dem der Ort seinen Namen verdankt. Erst 1927 wurde er auf Betreiben des Pfarrers in Kreuzweingarten umbenannt. Im vordereifler Dialekt heißt er aber immer noch „Woengede", also Weingarten.

Wir haben als Ausgangspunkt für unseren Streifzug durch die Geschichte den Parkplatz vor dem Eingang des Klosters „Maria Rast" gewählt. Seit der Nachkriegszeit dient das ehemalige „Haus Broich" mit der kleinen Kapelle den Schönstätter Marienschwestern als Schulungs- und Bildungszentrum. Wir wandern auf dem bekannten „Römerkanalwanderweg" mitten durch die gepflegte Anlage nach Osten. Am Zaun des Klostergartens entlang geht es auf schmalem Pfad durch dichtes Unterholz hinüber in die „Pfaffenhard",

Fast mannshoch – der „Römerkanal" mit den deutlich sichtbaren dicken Sinterablagerungen an den Seitenwänden

Voreifel

ein überwiegend aus Eichen bestehendes Waldgelände. Wer die Augen offen hält, entdeckt bereits nach kurzer Zeit den parallel zum Weg befindlichen Graben oberhalb am Hang. Hier verlief einst der berühmte „Römerkanal", auf den wir während unserer Touren durch die nördliche Vordereifel immer wieder gestoßen sind. Unser Weg führt uns nun in das Mersbachtal. Schon bald tauchen die ersten Gebäude von Kreuzweingarten auf. An Gärten mit weidenden Schafen und verklinkerten Einfamilienhäusern vorbei gelangen wir ins Dorf. Am Ende des Weges machen wir einen kurzen Abstecher nach links auf die Höhe. Gleich neben der Straße „Am Römerkanal" liegt ein interessanter Aufschluss, der den Blick in einen noch intakten Abschnitt der „Düwelskall" erlaubt. Deutlich erkennbar sind die dicken Kalksinterablagerungen an den Seiten der gemauerten und mit Trassbeton wasserdicht ausgekleideten, fast mannshohen Röhre.

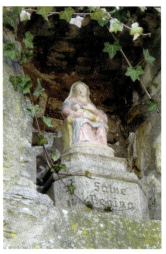

Die „nährende Gottesmutter" in der Klagemauer

Wir sind nun unterhalb der alten Wallfahrtskirche „Heilig Kreuz" angekommen. Sie thront vis-à-vis einer Reihe hübscher Fachwerkhäuser und dem alten Pfarrhaus von 1710, von einer mächtigen Bruchsteinmauer gestützt, auf einer kleinen Anhöhe, dem Kalvarienberg. Fast hätten wir die winzig erscheinende „Madonna in der Klagemauer" übersehen. Es handelt sich um die seltene Darstellung einer „Mater lactans", einer „nährenden Mutter Gottes". Aber auch die Mauer selbst birgt Interessantes. So mancher „Römerstein" aus der alten Wasserleitung findet sich dort wieder. Auch im sehenswerten Wallfahrtskirchlein stolpern wir förmlich über die römische Vergangenheit. Die schon ziemlich abgenutzte Eingangsstufe ist nämlich ein Stück Kalksinter aus dem Römerbauwerk.

Nachdem wir die viel befahrene Bundesstraße am „Alten Brauhaus" überquert haben, wandern wir an hübsch renovierten Fachwerkfassaden durch die Hubertusstraße, überqueren die Erft und biegen nach rechts zum Bahnhof ab. Hier gibt es noch einen Haltepunkt an der Bahnstrecke von Euskirchen nach Bad Münstereifel. Unsere Tour eignet sich also auch für Nicht-Autofahrer.

Gleich hinter dem Bahnübergang erhebt sich unser nächstes Ziel, der „Alte Burgberg". Zunächst marschieren wir ein kurzes Stück auf dem asphaltierten Weg nach rechts. Dann führt ein schmaler Pfad nach links in Serpentinen den Hang hinauf, der von niedrigem Krüppeleichenwald bedeckt wird (**10**). Eine Bank lädt

Ringwallreste auf dem „Alten Burgberg"

Voreifel

*Zeugnis mittelalterlicher Macht –
Die Hardtburg*

zum Verweilen ein. Von hier oben haben wir einen besonders schönen Blick auf Kreuzweingarten und das Erfttal mit seiner hohen Bergkulisse am westlichen Horizont. Wenige Meter weiter auf der Anhöhe erhebt sich ein hohes, weißes Kreuz. Wie ein Mahnmal erinnert es die Menschen im Tal an die über Jahrhunderte gewachsene christliche Tradition dieses Landes.

Wir wandern nach rechts weiter. Im Unterholz am Wege tauchen deutlich sichtbar Gräben und Wälle auf. Als wir uns dem Durchlass in einem dieser Wälle nähern, vermitteln die Geländeformen plötzlich ein klares Bild. Wir befinden uns inmitten einer großen frühgeschichtlichen Ringwallanlage. Wurde hier einst das Schicksal der tapferen Eburonen durch die Überlegenheit des römischen Militärs im gallischen Krieg besiegelt? Die hölzernen Palisaden auf den mächtigen Erdwällen, die von vorgelagerten Gräben geschützt wurden, hielten dem Ansturm der gut ausgebildeten Söldner Cäsars nicht lange stand. Jeder Fluchtversuch scheiterte angesichts der beweglichen römischen Reiterei. Wer nicht von Lanzen durchbohrt oder mit dem Schwert erschlagen wurde, verbrannte in der hölzernen Wehranlage oder geriet in die Sklaverei. Über die Trümmer legte sich alsbald der Schleier des Vergessens. Erst gut 2000 Jahre später wurde das Gelände systematisch erforscht. Die Einschusslöcher in der Informationstafel am Wegrand verraten, dass Zerstörungswut und Gewaltbereitschaft auch heute noch präsent sind.

Kurze Zeit später stoßen wir auf einen breiten Forstweg, dem wir ein paar Meter nach links bis zu einer großen Wegekreuzung folgen. Die Gemarkung am so genannten „Hubertuskreuz" heißt seit langer Zeit „Judenkirchhof". Die Auffassung einiger Heimatforscher, dass es an dieser Stelle einmal einen jüdischen Friedhof gegeben hat, dürfte sich bei näherer Betrachtung als irrig erweisen. Die Lage in der Nähe der keltischen Wehranlage und das historische Umfeld ergeben ein anderes Bild. Ähnlich wie an anderen gleichnamigen Orten in der Eifel gab es hier in vorchristlicher Zeit vermutlich einen heiligen Ort. Die Bezeichnung leitet sich nicht vom Wort „Jude" ab, sondern vom altgermanischen Begriff „Gode" (Gode oder God = Beschützerin, Göttin, Gott = gut) das wir auch im dialektalen „Jood" oder „Jööd" wieder finden, was soviel wie Patin bedeutet. Dass Muttergottheiten in der Vordereifel lange Zeit eine wichtige Rolle gespielt haben, beweisen die gut erhaltenen Tempelanlagen in Pesch, Zingsheim und in Nettersheim. Auf dem „Römerkanal-Wanderweg" geht es nun nach rechts weiter zu unserm nächsten Ziel, der mittelalterlichen Hardtburg. Nach gut

Voreifel

Imposant – die Kirspenicher Wasserburg mit ihrem Wohnturm

anderthalb Kilometern durch den Wald taucht sie plötzlich in helles Licht gehüllt vor uns auf. Wer glaubt, dass Burgen immer gut sichtbar auf Bergspitzen thronen, wird hier eines Besseren belehrt. Als Wasserburg im 12. Jahrhundert errichtet, gehörte sie seit 1246 dem Erzbistum Köln, das sie bis zu ihrer Zerstörung 1794 als Sitz der kurkölnischen Amtverwaltung nutzte. Die mächtigen Umfassungsmauern, der Zwinger, der Bergfried, Teile der Brücke, des Giebelbaues und des Torturms sind noch erhalten. Auf dem Gelände der ehemaligen Vorburg befindet sich heute eine Fachwerkscheune aus dem 18. Jahrhundert sowie das über 100 Jahre alte Forstdienstgebäude.

Die neuen Herren der Hardtburg begegnen uns im schwarzen Frack mit lautem Gekrächze: Es sind hunderte von Dohlen, die den alten Bergfried zu ihrer Residenz erklärt haben. Damit ihr Brutgeschäft nicht gestört wird, ist das Betreten der Turmanlage während der Brut- und Aufzuchtszeit nicht gestattet. Dafür werden wir aber reichlich auf andere Weise entschädigt. Wer Glück hat, darf dem Eisvogel bei der Jagd nach kleinen Fischen im Burggraben oder dem Buntspecht bei der Inspektion der alten Bäume zuschauen.

Hinter der Burgruine wandern wir weiter nach Süden auf dem „Erft-Lieser-Weg" (**3**) nach Süden bis zum Waldrand. Dort verlassen wir den Hauptwanderweg nach rechts den Wald entlang. Nach etwa 200 Metern biegen wir dann nach links auf den Feldweg ab. Am „Kesselsberg" vorbei geht es nun hinüber zur stark befahrenen Landstraße L11. Die Mauerreste im Gebüsch rechts des Weges stammen von einer alten Kalkfabrik. Nachdem wir die Straße überquert haben, wandern wir entlang der ehemaligen Feldbahntrasse weiter, auf der der Kalkstein aus dem nahen Steinbruch herangeschafft wurde. Bevor wir nach rechts ins Tal abbiegen, machen wir einen Abstecher auf den kleinen, mit Kiefern bewachsenen Hügel vor uns. Er ist die höchste Erhebung des mittlerweile verbuschten Kalksteinbruchgeländes. Im 2. Weltkrieg befand sich an dieser Stelle eine Flakstellung. Ein Bunker und die Geschützstellung aus Beton sind noch gut erhalten. Von hier oben genießen wir einmal mehr den Ausblick auf das Erfttal und das eindrucksvolle Eifelpanorama. Anschließend geht es bergab in westlicher Richtung nach Kirspenich. An der ersten Kreuzung laufen wir weiter geradeaus, überqueren den Holzbach und biegen nach weiteren 200 Metern nach rechts in den Ort.

Der imposante Wohnturm der Kirspenicher Wasserburg weist uns den Weg. Die Burganlage stammt vermutlich aus dem 14. oder 15. Jahrhundert und wurde erst vor kurzem aufwändig renoviert. Der Burgfestsaal und die weitläufige Gartenanlage wird heute gerne für Hochzeitsfeiern und andere festliche Veranstaltungen genutzt.

Die nun folgende Ortspassage klingt komplizierter, als sie in Wirklichkeit ist. Gleich hinter der Burg zweigt eine Gasse nach links ab. Sie mündet in die Hauptstraße des Ortes, auf der wir wieder nach links weiter marschieren. Der Ort Arloff schließt sich unmittelbar an Kirspenich an. Hinter dem Ortseingangsschild geht es nach rechts über die Erftbrücke und anschließend wieder nach links gut 600 Meter flussaufwärts weiter („Erlenhecke"). Am Ortsende stoßen wir wieder auf die Hauptstraße, die nun nach rechts am Eisenwerk vorbei nach weiteren 500 Metern auf die Bundesstraße B51 einmündet. Wir überqueren die viel befahrene Straße und gleich danach die Bahnstrecke Euskirchen-Bad Münstereifel am unbeschrankten Bahnübergang (Vorsicht!). Der Wirtschaftsweg führt uns halb rechts auf den kleinen Hügel hinauf. Vor uns taucht das Dörfchen Kalkar auf. Rechts erkennen wir das „Naturschutzgebiet Kalkarer Moor". Dieses nächste Ziel vor Augen, geht es nach rechts auf dem schmalen Feldweg bis zur Landstraße L11. Wir folgen ihr ein paar Schritte nach rechts um gleich wieder nach links durch Wiesen und Felder hinüber zum Schilfsaum des ausgedehnten Busch- und Waldgeländes.

Noch vor 50 Jahren galt das Kalkarer Moor als eines der artenreichsten Feucht-gebiete der Eifel. Da begegneten dem aufmerksamen Wanderer noch Feuersa-lamander, Fleisch fressender Sonnentau und seltene Orchideen am Weg. Doch dann geschah es. Der „Mollpütz", eine Quelle, die das 13,4 ha große Feuchtge-biet mit Frischwasser versorgte, hörte 1960 auf zu sprudeln. Das Flachmoor fiel trocken und viele der geschützten Lebewesen verloren ihren angestammten Le-bensraum. Auch die Ausweisung als Naturschutzgebiet änderte daran nichts. Erst im Frühjahr 2002 gelang es mit großem finanziellen Aufwand, eine ausreichen-de Bewässerung zu schaffen. Ob sich die frühere Artenvielfalt wieder entwickeln kann, bleibt abzuwarten. Die dichte, dschungelähnliche Vegetation beiderseits des breiten Weges, auf dem wir das Moor durchqueren, bietet Rehwild, Wild-schweinen und anderen Waldtieren Schutz und Deckung. Irgendwo quäken Wil-denten im Schilf und eine Rohrweihe streicht lautlos über die alten Pappeln hin-weg. Wir wollen da nicht länger stören.

Am Ende des Weges gelangen wir zum „Broicher Hof", wo wir nach links auf die Verbindungsstraße von Kreuzweingarten nach Antweiler abbiegen. Im 15. Jahrhundert (möglicherweise auch früher) wurde Broich als eine typisch rheini-sche Wasserburg errichtet. Die Wassergräben sind mittlerweile zugeschüttet. Mit seinen dicken Mauern, dem großen eisernen Hoftor und dem turmbewehrten Wohngebäude hat das heute landwirtschaftlich genutzte Anwesen trotzdem sei-nen wehrhaften Charakter bewahrt.

Unterhalb des Klostergartens von Maria Rast stoßen wir an der Kreuzung wie-der auf den „Römerkanalwanderweg". Nach rechts folgen wir ihm am Kloster-garten entlang bis zum Ausgangspunkt unserer geschichtsträchtigen Rundtour.

Start / Ziel: Wanderparkplatz am Eingang zum Kloster „Maria Rast" an der Landstraße L493 Rheinbach – Ortsteil Loch

Kategorie: Leichte Rundwanderung, 14 Kilometer, ganzjährig begehbar, witterungs-unabhängig

Einkehrmöglichkeiten / Besonderheiten: Rucksackverpflegung empfohlen

Anfahrt:
Autobahn A61 – Anschlussstelle Swisttal – Richtung Euskirchen – 8 km auf Landstraße L182 (Achtung, hier wird geblitzt!) bis zum Ampelkreuzung – links abbiegen auf Landstra-ße L194 Richtung Euskirchen/Bad Münstereifel – an der großen Ampelkreuzung weiter ge-radeaus auf der Bundesstraße B51 Richtung Bad Münstereifel – nach 2 km hinter Rheder rechts abbiegen auf Landstraße L178 Riichtung Billig – nach 2 km links abbiegen auf Kreis-straße K24 Richtung Antweiler – nach 2 km links abbiegen auf Zufahrt „Maria Rast"

Autobahn A1 – Anschlussstelle Wisskirchen – weiter auf Bundesstraße B266 Richtung Eislirchen – nach 2 km in Euenheim an der Ampel rechts abbiegen – weiter 4 km auf Landstraße L178 Richtung Bad Münstereifel/Billig – hinter Billig rechts abbiegen auf Kreisstraße K24 Richtung Antweiler – nach 2 km links abbiegen auf Zufahrt „Maria Rast"
Bahn/Bus: DB-Haltepunkt Kreuzweingarten

Information: Wanderkarte 1:25 000 des Eifelvereins Nr. 7 „Bad Münstereifel", Unbedingt empfehlenswerte Webseiten: www.wingarden.de / www.woenge.de, Eifel-Touristik Agentur NRW e.V., Postfach 1346, 53897 Bad Münstereifel, Telefon 0 22 53 - 92 22 22, Fax 0 22 53 - 92 22 23, info@eifel-tourismus.de, www.eifel-tourismus.de

Die Katzensteine – bereits die Jäger der Eiszeit schlugen hier ihr Lager auf

Düwelskall und Katzensteine
Rundwanderung im Veybachtal bei Mechernich

Wer heute von Köln nach Trier mit dem Auto reist, nutzt dazu in der Regel die Autobahn A1. Kaum einem der Reisenden ist dabei bewusst, dass er einer der wichtigsten Landrouten der europäischen Geschichte folgt. Die Römer verfügten bereits im 1. Jh. über ein gut ausgebautes Straßennetz im damals zu Gallien zählenden Eifelland. Auf dem Weg von CCAA (Colonia Claudia Ara Agrippinensium), dem heutigen Köln, ins etwa 170 Kilometer entfernte Augusta Treverorum (Trier), der damals zweitwichtigsten Stadt des römischen Imperiums, führte der Weg auch durch das heutige Stadtgebiet von Mechernich. Beim Anblick der sanften Hügel der Vordereifel geriet so mancher „kölsche Römer" ins Schwärmen. „Hier lässt es sich gut leben", mag er gedacht haben und kaufte bei nächster Gelegenheit ein Stück Land, baute eine Villa und genoss fortan das Leben auf dem Lande. An dieser Beliebtheit hat sich auch nach 2000 Jahren nicht viel geändert, wie wir später noch sehen werden.

Der Parkplatz „Katzensteine" an der Landstraße auf halbem Wege zwischen Satzvey und Mechernich ist der ideale Ausgangspunkt für unsere heutige Rundwanderung. Gleich hinter ihm folgen wir dem schmalen Pfad (**A1/A2**) zunächst nach Südwesten durch das Unterholz und biegen kurze Zeit später auf den nächsten Querweg nach links ab. Nach einem kurzen Anstieg stoßen wir auf einen am Hang verlaufenden deutlich erkennbaren Graben. Eine Informationstafel verrät uns das Geheimnis der Rinne im Wald. Hier verlief einst die römische Wasserleitung aus der Eifel nach Köln. Wir stehen vor dem leergeräumten Aufbruchgraben des größten römischen Bauwerks nördlich der Alpen. Was ist hier geschehen?

Das Wasser der heutigen Domstadt schmeckte den verwöhnten Italienern wohl nicht besonders. Deshalb veranlassten sie den Bau einer knapp 96 Kilometer langen Versorgungsleitung von den kalkreichen Quellen bei Nettersheim zunächst durch das Urfttal, dann durch das Veytal, an Euskirchen vorbei in östlicher Richtung bis Meckenheim, wo sie nach Norden abknickte. Über Brühl führte der Kanal nach Hürth und von dort schließlich nach Köln. Gut 200 Jahre genossen die Römer das Eifelwasser, bis sie vor den immer mächtiger werdenden Germanen Reißaus nahmen und sich wieder hinter die Alpen zurückzogen. Die Germanen wussten mit den Einrichtungen der Zivilisation nichts Besseres anzufangen, als sie zu zerstören. Was übrig blieb, geriet schnell in Vergessenheit. Im Mittelalter glaubte man an die seltsamsten Bedeutungen der „Düwelskall", der „Ader der Teufels", wie sie törichterweise bezeichnet wurde. Einige mutmaßten, die

Durch die fast 96 km langen „Düwelskall" gelangte frisches Trinkwasser aus der Eifel nach Köln

Römer hätten Enten durch den Kanal schwimmen lassen, um Nachrichten zwischen den beiden Städten Köln und Trier zu überbringen. Die anderen vermuteten, in der Leitung sei gar kein Wasser, sondern Wein von Stadt zu Stadt geflossen. Schließlich nutzte man das Bauwerk als Steinbruch. Die kunstvollen Werksteine der römischen Steinmetze dienten fortan als wertvoller Rohstoff für den Bau von Kirchen, Klöstern und Burgen der Region. So sind im Torturm der Rheinbacher Burg noch heute die Steine gut erkennbar, die aus dem Römerkanal stammen. Besonders

Die „Tausendjährige Eiche" und Reste des Burghauses in Burgfey

begehrt war der so genannte Kalksinter, der Wasserstein, der sich während des Jahrhunderte langen Betriebs im Inneren der Leitung abgesetzt hatte. Schließlich handelte es sich dabei um nichts Geringeres als Marmor. Die Abdeckplatte des Grabes der Hl. Lüfthildis, ausgestellt in der Seitenkapelle der Dorfkirche in Lüftelberg bei Meckenheim, ist ein historisches Überbleibsel aus dieser Epoche.

Beeindruckt von dieser Exkursion in die Geschichte wandern wir auf dem nächsten Querweg nach links in nordöstlicher Richtung weiter. Wir befinden uns nun auf dem „Römerkanalwanderweg", deutlich erkennbar an der Markierung mit dem Rundbogensymbol, das den Querschnitt durch die Wasserleitung darstellen soll. Nach etwa 600 Metern knickt unser Wanderweg nach rechts ab. Er folgt im Wesentlichen dem Verlauf des Römerbauwerks. Unterwegs liegen mehrere so genannte Aufschlüsse am Wegrand, über deren Besonderheiten jeweils eine kleine Holztafel informiert. So erfahren wir, dass die römischen Ingenieure einige Probleme mit dem Gelände hatten. Zeitweilig gab es sogar eine zweite Kanaltrasse. Trotzdem ist es immer wieder erstaunlich, zu welchen Leistungen man bereits vor 2000 Jahren auch ohne Computer und satellitengestützte Navigation fähig war.

Wo der Wald sich lichtet, werden wir mit einer modernen Ingenieursleistung konfrontiert. Versteckt hinter undurchdringlichen Hecken und dicht stehenden Bäumen rauscht der Fernverkehr über die Hochtrasse der Autobahn A1 vorüber. Ein kurzes Stück folgt ihr der „Römerkanalwanderweg" in gebührender Distanz vorbei an Pferdekoppeln nach Norden und schwenkt dann nach rechts hinüber zur Autobahnunterführung. Wir verlassen ihn auf der gegenüber liegenden Seite nach rechts (**A1**) und wandern nun an der Autobahntrasse entlang in südlicher Richtung. Nachdem wir ein kleines Wäldchen links liegen gelassen haben, wandelt sich das Landschaftsbild. Parkähnliche Wiesen, beschattet von breitkronigen Eichen, dienen dem Vieh als ideale Weidelandschaft. Irgendwo dazwischen verläuft der Römerkanal, der beim Bau der Autobahn einfach überbaut wurde. Wäre da nicht der dumpfe Lärm, würden wir von ihrer Anwesenheit kaum etwas spüren. Den zahllosen Libellen, Faltern und Schwebfliegen, die im Sommer um die Blütenstände von Karde, Kratzdistel und Malve am Wegrand schwirren, ist das eh wahrscheinlich egal.

Nach etwa 500 Metern schwenkt der Pfad nach Süden in den Wald. Würziger Kiefernduft liegt in der Luft. Nach weiteren 500 Metern lichtet sich der Wald zu unserer Linken und gibt den weiten Blick ins Land frei. Am östlichen Horizont grüßt die unverwechselbare Silhouette des Siebengebirges. Dieser Ausblick begleitet uns noch ein ganzes Stück am Wald entlang, bis dieser uns wieder eine Weile umschließt. Es geht leicht bergab bis zum nächsten Waldrand. Vor uns taucht das von ausgedehnten Wiesen und Weiden umgebene Dörfchen Weiler am Berge auf. Wir halten uns scharf rechts und folgen dem Waldsaum auf die kleine Höhe bis zu einer einsamen Bank, die zum Picknick einlädt. Während wir unsere Rucksäcke plündern, genießen wir den Ausblick über Weiler auf den Stockert (433 m) mit der markanten Parabolantenne und den Herkelstein (434 m). Der Sage nach hat auf diesem Berg Herkules höchstpersönlich den berüchtigten Riesen Kakus besiegt, der die Gegend rund um seine Höhle unter dem Kartstein bis dahin tyrannisiert haben soll10. Womit wir wieder bei den Römern wären...

Der „Römerkanalweg" folgt dem antiken Bauwerk von Nettersheim bis vor die Tore Kölns

An der Waldspitze treffen wir auf einen Wirtschaftsweg, auf dem wir nach rechts über die Autobahnbrücke weiter wandern. Tag und Nacht donnern hier die Lastzüge in beide Richtungen. Den wenigsten Wanderern dürfte bekannt sein, dass über diesen Verkehrsweg fast sämtliche Güter aus und nach dem Mittelmeerraum ins Rheinland transportiert werden. Ob Paprika aus Spanien, Orangen aus Marokko oder Rotwein aus dem Rhônetal, ob Ersatzteile für die Automobilindustrie, deutsches Bier oder Koteletts für die Kneipen auf Mallorca, alles rauscht unter uns vorbei, meist unter Zeitdruck immer ein wenig schneller, als die Polizei erlaubt. Wie gut, dass wir Zeit genug haben, um das hektische Geschehen unter uns gelassen zu betrachten.

Nur wenige Meter hinter der Autobahn verklingt der Lärm. Noch einmal ein wunderbarer Ausblick nach Süden über das Krebsbachtal, dann nimmt uns der Wald die Sicht. Der Pfad führt nun leicht

Voreifel

Leergeräumt und vergessen – vom genialen Werk römischer Ingenieure zeugen heute meist nur noch die Gräben im Wald

bergab entlang der ortstypischen Weidelandschaft mit den kleinen, von Eichen beschatteten Hügeln und den vom Viehverbiss bizarr geformten Ilexbüschen. Immer geradeaus geht es dann durch artenreichen Mischwald ins Tal (**A1**). Unten treffen wir wieder auf den „Römerkanalwanderweg", dem wir nach rechts folgen. Vereinzelt stehen ein paar hoch gewachsene Weißtannen am Wege, eine Seltenheit in der Region. Nach wenigen Minuten stoßen wir auf einen breiten Fahrweg. Hier biegen wir nach links zur Straße hin ab. Vorher machen wir aber noch einen kleinen Abstecher nach links zu dem hübschen Anwesen aus rotem Sandstein, das ein wenig versteckt am Waldrand liegt.

Bereits im 15. Jahrhundert stand an dieser Stelle eine Getreidemühle. An ihre Stelle trat im 18. Jahrhundert ein Pochwerk (zum Zerkleinern von Erzen). Zu Beginn des 20. Jahrhunderts ließ ein Kölner Bankier auf der Höhe oberhalb von Burgfey eine Villa im Neobarockstil errichten. Um die Wohnanlage mit fließendem Wasser und elektrischem Strom zu versorgen, baute das man das vorhandene Pochwerk in eine für die damalige Zeit hochmoderne Versorgungsanlage um. Mithilfe der Wasserkraft des Veybachs und eines riesigen Mühlrads wurden eine Pumpe und ein Generator angetrieben, die heute, als technisches Denkmal geschützt, noch immer einwandfrei funktionieren.

Zurück an der Straßenmündung geht es nach links auf der Brücke über den Veybach und gleich dahinter auf der gegenüber liegenden Straßenseite nach rechts. Wir wandern durch die Bahnunterführung hindurch und gelangen auf eine kleine Anhöhe. Hier steht die „Tausendjährige Eiche", ein rüstig wirkender Baum-Methusalem mit etwa vier Metern Stammumfang. Seine weit ausladende Laub-

Wie eine gewaltige grüne Phalanx reckt sich eine Reihe hoch gewachsener Pappeln in den Eifelhimmel

krone überschattet den gesamten Hügel. Daneben, hinter einer hohen Bruchsteinmauer, erkennen wir die Reste des einstigen Burghauses von Burgvey aus dem 15./16. Jahrhundert. Sie gehören heute zu einem großen privaten Anwesen, das öffentlich nicht zugänglich ist. Am Rande dieses parkähnlichen Geländes mit seinen hübschen Fischteichen führt unser Wanderweg (**2**) durch ein kleines, idyllisch gelegenes Tal bergauf am Waldsaum entlang.

Überall grast buntes Vieh auf den Weiden. Wie eine gewaltige grüne Phalanx reckt sich eine Reihe hoch gewachsener Pappeln in den Eifelhimmel. Das jämmerliche Geschrei, das durch das Tal gellt, stammt von einigen hungrigen Jungfalken, die in der luftigen Höhe einer Pappel ihr Nest haben. Die beiden Altvögel haben Mühe, ihre lautstarke Brut mit Nahrung zu versorgen. Wehe der unachtsamen Feldmaus, die es wagt, bei Tage ihr Loch zu verlassen. Den wachsamen Augen der Beutegreifer entkommt nicht die geringste Bewegung in ihrem Jagdrevier.

Wir haben den Wald hinter uns gelassen und biegen nach rechts ab. Quer durch die weiten Pferdekoppeln geht es hinüber zum nächsten Waldrand. Versteckt hinter dem Birkenwäldchen tauchen die ersten Gebäude der Siedlung „Kommern-Süd" auf. So mancher stadtverdrossene Kölner hat es in den letzten Jahren den alten Römern gleichgetan und sich hier oben in herrlicher Waldrandlage auf seine „Latifundien" zurückgezogen. Es sind zwar keine Sklaven, die die ge-

Voreifel

*Natürliche Bastion –
die Katzensteine*

pflegten Gärten in Stand halten, aber an Pracht und Luxus stehen die Eigenheime am Rande unseres Weges den Villen der Römer kaum nach. Außerdem gibt es hier oben, gut versteckt im Wald rechts von uns, eine schicke Tennisanlage.

Wir erreichen die Straße, die von Kommern hinunter ins Veytal führt. Wir wandern an ihr entlang nach rechts und erreichen kurze Zeit später den Parkplatz am „Hochwildpark Rheinland". Gegen Eintritt gibt es hier ganzjährig Rot-, Muffel- und Schwarzwild aus der Nähe zu sehen. Für Kinder ist der kleine Streichelzoo und das Ponyreiten am Wochenende sicher ein besonderes Erlebnis. Das Restaurant „Waldhaus" mit seinem Biergarten am Eingang zum Wildpark bietet dem Wanderer ganzjährig die Möglichkeit zur Einkehr.

Hinter dem Wildparkgelände geht es nun zügig an der Straße entlang bergab. Wir überqueren die Bahn und marschieren in den Flecken Katzvey. Gleich nach dem ersten Anwesen knickt unser Wanderweg nach links ab. Zwischen Bauerngärten und Viehweiden gelangen wir aufs andere Ufer des Veybachs und über die Sztraße hinweg zum Ausgangspunkt am Parkplatz.

Bevor wir uns auf den Heimweg machen, lohnt sich der kurze Weg hinüber zu den „Katzensteinen". Von Kiefernwald umgeben bilden sie eine eindrucksvolle Felsgruppe aus Buntsandstein. Sie ist etwa 200 Millionen Jahre alt. Die kleinen, wabenartigen Vertiefungen entstanden durch Herauslösen der Sandkristalle bei Temperaturunterschieden und durch Regenerosion. Funde der letzten Jahre haben gezeigt, dass bereits die Jäger der Eiszeit ihr Lager unter den überstehenden Felsvorsprüngen gesucht haben. Vor 2000 Jahren waren es dann römische Steinbrucharbeiter, die sich dort im Schatten von der schweren Arbeit erholten.

Start / Ziel: Wanderparkplatz „Katzensteine" an der Landstraße L61
Satzvey – Mechernich

Kategorie: Leichte Rundwanderung, 12 Kilometer, ganzjährig begehbar,
witterungsunabhängig

Einkehrmöglichkeiten / Besonderheiten: Restaurant „Waldhaus"
(Telefon/Fax: 0 24 43 - 65 41) am Hochwildpark Rheinland, alternativ
Rucksackverpflegung

Anfahrt: Autobahn A1 – Anschlussstelle Wißkirchen – Bundesstraße B266 –
nach 1 km links abbiegen auf Kreisstraße K38 Richtung Satzvey – nach 3 km
im Zentrum von Satzvey links abbiegen – hinter dem Bahnübergang auf
Landstraße L61 nach rechts in Richtung Mechernich abbiegen – nach 3 km
Wanderparkplatz „Katzensteine" links im Wald

Information: Wanderkarte 1:25 000 des Eifelvereins Nr. 5 „Nettersheim/Kall",
Eifel-Touristik Agentur NRW e.V., Postfach 1346, 53897 Bad Münstereifel,
Telefon 0 22 53 - 92 22 22, Fax 0 22 53 - 92 22 23, info@eifel-tourismus.de,
www.eifel-tourismus.de

Voreifel

Der „Heidentempel"
dem Addig bei Pesc

Wo Göttinnen
das Land beschützten
Auf Entdeckungstour im Reich der Matronen

Es ist vor allem der Verdienst der Eifel-Schriftstellerin Sophie Lange aus Nettersheim, dass wir heute einem spannenden Kapitel Eifler Kulturgeschichte auf die Spur kommen wollen. Es trägt deshalb dieselbe Überschrift wie ihr 1994 erschienenes Buch über die „Matronen und ihre Kultplätze zwischen Eifel und Rhein". Bevor wir die wohl besterhaltene Tempelanlage der gallisch-römischen Epoche unserer Heimat besuchen, wollen wir uns zunächst mit dem Land darum herum vertraut machen.

Ausgangspunkt unserer Rundwanderung ist der Parkplatz „Hornbachtal" am Rand der Landstraße L206 zwischen Pesch und Nöthen in der Nähe von Bad Münstereifel. Über den Wespelbach und am Wohnhaus des dort befindlichen landwirtschaftlichen Betriebes vorbei führt unser Weg nach Südosten ins Hornbachtal. Am Wegweiser zum „Heidentempel" wandern wir weiter geradeaus, nun

Kapelle in Nöthen

auf dem „Europäischen Fernwanderweg Nr. 8", der vom Bosporus kommend bis zur Nordsee führt. Wo die Viehweiden aufhören und der Wald beginnt, geht es ein kurzes Stück bergauf bis zu einer Wegekreuzung. Wir laufen geradeaus in nördlicher Richtung (kein markierter Weg!). Wenig später lichtet sich der Wald. Auf den Weideflächen, die teilweise von breitkronigen Eichen aufgelockert fast parkähnlichen Charakter besitzen, grasen vom Frühling bis zum späten Herbst rotbunt leuchtende Rinder und allerlei Pferderassen. Am Wegrand locken in der Spätsommersonne verführerisch schwarz glänzende Brombeeren zum genussvollen Verweilen. Der Blick streift über die sanften Kalkkuppen mit den Wacholderheiden des Eschweiler Tals hinüber zum waldbedeckten Stockert, wo das allgegenwärtige Stahlgerippe des „Satellitenpeilers" in den Eifelhimmel ragt. Wir wandern in ein kleines Tal hinab, lassen den Aussiedlerhof Kurth links liegen und laufen über eine kleine Anhöhe auf dem asphaltierten Verbindungsweg nach rechts Richtung Nöthen.

Verkehrsgünstig zwischen der Autobahn A1 und der Stadt Bad Münstereifel gelegen hat sich das kleine Dorf mit seinen malerischen Fachwerkhäusern und der hübschen Kirche zu einem beliebten Wohnort entwickelt. Unser Weg biegt gleich hinter dem Dorfrand an dem von einer mächtigen Linde beschatteten Kapellchen mit dem

Voreifel

goldenen Doppelkreuz auf dem spitzen Schieferdach nach rechts. Hinter der dunkelgrün gestrichenen Pforte erwartet uns eine Besonderheit. Der unbekannte Künstler hat die geschnitzte Madonna ohne Kind dargestellt. Gleich neben dem Heiligenhäuschen lädt eine rustikale Sitzgruppe mit Tisch zur ersten Rast ein. Nachdem wir uns gestärkt haben, wandern wir weiter in südlicher Richtung auf dem „Hohner Weg". Nach knapp 300 Metern zweigt am kleinen Bildstock der Wanderweg (**3**) ins „Hasental" nach rechts ab. Wir marschieren an den von dichten Hecken umschlossenen Einfamilienhäusern vorbei auf dem von Buschwerk und Feldgehölzen gesäumten Feldweg bergauf. Am Waldrand entlang geht es dann ein paar Meter nach links bis zur markanten Wegekreuzung. Hier stoßen wir wieder auf den Fernwanderweg, den wir überqueren. Jetzt laufen wir auf dem so genannten „Jugendherbergs-Verbindungsweg" (**JH**) weiter nach Sü-

den. An der nächsten Wegegabelung geht es nach rechts um den Zimmerscheid herum bis zur nächsten Wegekreuzung. An der Schutzhütte halten wir uns anschließend rechts. Zu der bisherigen Wegemarkierung hat sich nun ein weiteres Symbol gesellt. Das bunte Emblem mit der Muschel und dem Zusatz „Pilgerweg" sagt uns, dass wir uns ab jetzt auf einem der berühmten Jakobswege nach Santiago de Compostella im fernen Spanien befinden. An der alten Eiche an der nächsten Wegegabelung halten wir uns weiter rechts.

Der Weg durch den artenreichen Mischwald wird von allerlei interessanten botanischen Kostbarkeiten gesäumt. Die vielblütige Weißwurz (Polygonatum multiflorum) - auch unter dem Namen „Salomonssiegel"

Die vielblütige Weißwurz gilt unter Zaubergläubigen als die sagenhafte „Springwurz", die Zugänge zu verborgenen Schatzkammern öffnen kann

bekannt - mit ihren farnwedelartigen Blütenstängeln, gilt unter Zaubergläubigen als die sagenhafte „Springwurz", die Zugänge zu verborgenen Schatzkammern öffnen kann. Tatsache ist, dass diese geheimnisvolle Pflanze samt ihrer weißen Blütenglöckchen im Frühsommer oder später den erst roten, dann schwarzblauen Beeren schwere Vergiftungen (bei Kindern) hervorrufen kann. Besser ist es, dieses hübsche Lilien-

Grundmauern einer römischen „Villa rustica"

gewächs an Ort und Stelle zu belassen und sich lediglich des Anblicks zu erfreuen.

Der Wald lichtet sich und vor uns auf der Höhe taucht Roderath auf. Der Name des 150-Seelen-Dorfes taucht im ältesten Güterverzeichnis der Eifelregion, dem Prümer Urbar, im Jahre 893 zum ersten mal als „Rodenre" (Rodung im Wald) auf und deutet auf eine fränkisch-karolingische Siedlung im 8. bis 9. Jahrhundert hin. Es gehört heute zur Verbandsgemeinde Nettersheim. Heute ist Roderath insbesondere durch die Zucht von Islandpferden bekannt. Auf der speziell für diese Rasse errichteten Reitanlage wurden bereits Deutsche- und Europameisterschaften ausgetragen.

Nachdem wir auf der Höhe am Fuß des Sollig (513,5 m) die Kreisstraße K34 und das Reitgelände erreicht haben, wandern wir etwa 500 Meter nach Westen entlang der Kreisstraße K36 von Roderath Richtung Engelgau. An der Waldecke biegen wir nach rechts in nördlicher Richtung ab und entdecken schon nach wenigen Metern auf der Wiese zu unserer Rechten die ausgegrabenen Reste eines römischen Gutshofs (Villa rustica). Er wurde wahrscheinlich im 2. oder 3. Jahrhundert an dieser landschaftlich reizvollen Stelle am Westhang des Sollig errichtet. Die bis zu etwa einem Meter hohen rekonstruierten Bruchstein-Fundamente des lang gestreckten Wohngebäudes mit vorgelagertem Portikus sind typisch für diese Epoche. Das Anwesen lag in unmittelbarer Nähe einer ergiebigen Quelle. Es wird fer-

Voreifel

ner davon ausgegangen, dass ganz in der Nähe die Hauptstraße von Trier über Blankenheim und Münstereifel nach Bonn führte. Leider fehlt an diesem historischen Ort eine Informationstafel, die dem Wanderer Aufschluss geben könnte. Nach eingehender Besichtigung durchqueren wir weiter in nördlicher Richtung die kleine Senke bis zur gegenüber liegenden Waldzunge (**5**). Dahinter taucht für einen kleinen Moment hinter dem unbewaldeten Bergsattel rechts die Silhouette des Michelsberges auf, der bedeutendsten Höhe der Münstereifler Region. An Viehweiden entlang geht es hinunter bis zu einer Wegekreuzung. Wir wandern nach rechts am Waldrand entlang weiter bergab in das enger werdende Tal und dort weiter am Bächlein entlang (**3**), der einen Kilometer weiter in den Wespelbach mündet. Wenig später erleben wir mitten im heiß-trockenen Sommer ein für die Region typisches Naturphänomen. Aus dem Berghang rechts des Weges sprudelt reichlich erfrischendes Quellwasser. Es kommt aus der Tiefe des zerklüfteten Kalkgesteins, wo es durch eine Tonschicht oder einen undurchlässigen Fels aufgestaut und nach dem hydraulischen Prinzip nach oben gedrückt wird (s. Erftquelle). Dann tauchen auf dem gegenüber liegenden Ufer hinter den Saalweiden und Schwarzerlen im Wespelgrund die ersten Häuser des Dörfchens Pesch auf. Der Bach speist in diesem Bereich ein paar kleine, von hohem Schilf und Bambus umgebene Fischteiche. Wir überqueren die Kreisstraße und wandern nun auf dem asphaltierten Fahrweg am Bach entlang bis zur Teichkläranlage. Vor dem kleinen Parkplatz dahinter biegt der Wanderweg nach rechts in den Wald und führt durch ein kleines Nebental hinauf zum eigentlichen Ziel unserer Tour, der Tempelanlage auf dem Addig.

Auf dem Plateau der Bergzunge zwischen Wespel- und Hornbach finden wir auf einer Fläche, die annähernd der eines halben Fußball-feldes entspricht, die rekonstruierten Reste eines gallo-römischen Umgangstempels, eines Festplatzes und einer Basilika. Etwas abseits davon liegt der restaurierte Brunnen, der zu der Kultstätte gehörte. Ursprünglich bestand der geheiligte Ort aus einem eher bescheidenen Baumheiligtum. Die ersten steinernen Gebäude entstanden im 1. Jahrhundert. In den darauf folgenden 200 Jahren wurde der Tempelbezirk mehrfach um- und ausgebaut. Um das Jahr 330 präsentierte er sich wahrscheinlich baumlos und weithin sichtbar als beliebte und viel besuchte Wallfahrtsstätte. Gut 100 Jahre lang pilgerten weiterhin römische Bürger und die germanisch-keltischen Einheimischen des Vacelli-

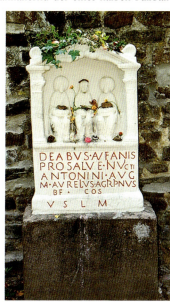

Das Original des Weihessteins der „Aufhanischen Matronen" wurde bei Nettersheim gefunden – auch sein Abbild wird heute noch verehrt

Stammes zu den Schutzgöttinnen auf dem Addig. Diese präsentierten sich als Darstellung einer Frauentrinität, die als „Vaclallinehischen Matronen" bezeichnet werden. Sie waren Schutzgöttinnen, die ihren Segen über Haus und Hof, aber auch auf die Ernte und die gesamte Flora und Fauna legten. Ursprünglich gilt die Verehrung der weiblichen Dreiergottheiten als keltische Tradition. Offensichtlich haben aber die römischen Landnehmer diesen regionalen Kult übernommen, der auch nach der Christianisierung der Eifel weiter betrieben wurde.

Voreifel

Bemerkenswert ist die Tatsache, dass seit einigen Jahren moderne Menschen den alten Kult für sich entdeckten und praktizieren. Es sind insbesondere Frauen, die von weit her hier auf den Addig kommen, um den Matronen Opfer in Form von Früchten, Brot, Blumen und kleinen Geschenken darzubringen. Vor allem esoterisch inspirierte Zeitgenossinnen und -genossen sind davon überzeugt, hier oben einen magischen „Kraftort" entdeckt zu haben. Und auch das gibt es: Im Sommer 2003 sprießt in einer Ecke der alten Basilika Indischer Hanf. Drogen sollen ja schon im Altertum im Dialog mit den Göttern eine Rolle gespielt haben...

Wir wandern an der kleinen Schutzhütte nach rechts weiter ins Tal hinunter und gelangen nach links auf dem Weg, auf dem wir unsere Rundtour begonnen haben, zurück zum Parkplatz.

Start / Ziel: Wanderparkplatz „Hornbachtal" an der Landstraße L206 Nettersheim – Bad Münstereifel

---

Kategorie: Leichte Rundwanderung, 15 Kilometer, ganzjährig begehbar, witterungsunabhängig

---

Einkehrmöglichkeiten / Besonderheiten: Rucksackverpflegung empfohlen

---

Anfahrt: Autobahn A1 – Anschlussstelle Nettersheim – nach 2 km links abbiegen auf Bundesstraße B477 Richtung Nettersheim – im Kreisverkehr abbiegen auf Landstraße L206 Richtung Pesch/Bad Münstereifel – nach 4,5 km rechts Wanderparkplatz „Hornbachtal"

Information: Wanderkarte 1:25 000 des Eifelvereins Nr. 5 „Nettersheim/Kall", Eifel-Touristik Agentur NRW e.V., Postfach 1346, 53897 Bad Münstereifel, Telefon 0 22 53 - 92 22 22, Fax 0 22 53 - 92 22 23, info@eifel-tourismus.de, www.eifel-tourismus.de

---

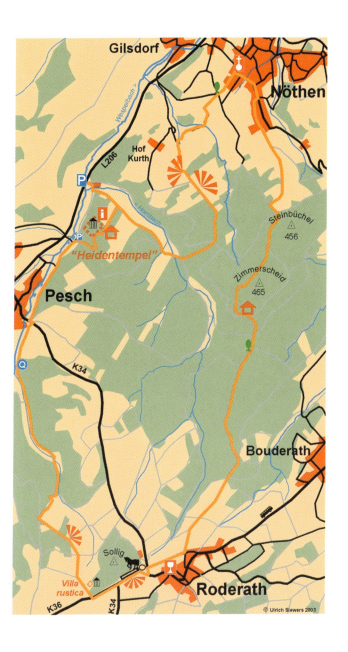

Gilsdorf

Nöthen

Hof
Kurth

L206

Wesselbach

P

Heinbach

P

"Heidentempel"

Steinbüchel
△
456

Pesch

Zimmerscheid
△
465

Q

K34

Bouderath

Sollig
△

Villa
rustica

K36

K34

Roderath

© Ulrich Siewers 2003

Voreifel

Die Erftquelle bei Holzheim

Im Land der Quellen
Auf Entdeckungstour rund um die Erftquelle

Um die etymologische Herkunft des Begriffes „Eifel" hat sich schon so mancher Sprachforscher seine Gedanken gemacht. Der bekannte Kölner Volkskundler Prof. Adam Wrede geht davon aus, dass mit dem 762 erstmals beschriebenen „Pago eflinse" das Kalkgebiet südwestlich von Bad Münstereifel gemeint war. Die Übersetzung „Land der Quellen" trifft hier absolut zu. Nirgendwo ist das Grundwasservorkommen so ergiebig. Besonders starke Quellschüttungen sind die Ahrquelle mitten in Blankenheim und die Erftquelle in Holzmühlheim oberhalb von Bad Münstereifel. Wie schon erwähnt schätzten bereits die Römer das Grundwasser der Kalkeifel so sehr, dass sie eine über 90 Kilometer lange Wasserleitung aus dem Urfttal bei Nettersheim bis nach Köln am Rhein bauen ließen. Zahlreiche Ausgrabungen aus dieser Epoche, darunter Tempelanlagen und große Gehöfte, sowie Funde aus der Frankenzeit, geben Zeugnis unterschiedlicher Epochen Eifeler Siedlungsgeschichte und der Entwicklung einer einmaligen Kulturlandschaft.

Seltener Anblick für Wanderer – Wildschweine sind scheue Waldbewohner

Ausgangspunkt unserer heutigen Entdeckungstour ist der Parkplatz am Sportplatz von Tondorf. Er liegt im Wald, etwa einen Kilometer östlich des Ortes unmittelbar an der Kreisstraße K79/K10 Richtung Falkenberg/Hümmel. Gleich gegenüber dem Sportlerheim überqueren wir die Straße und wandern durch das Waldstück am Mohlenberg in nördlicher Richtung. Nach wenigen Metern öffnet sich der Wald und gibt den Blick über das Wandergebiet frei, das wir in den kommenden Stunden durchstreifen wollen. Zunächst folgen wir dem Waldrand nach rechts und gelangen hinunter in den Breuscheider Seifen. Auf der anderen Seite des Talgrundes geht es bergauf an einer einsamen Waldweide entlang, bis wir auf einen breiteren Weg stoßen, der an dieser Stelle einen scharfen Knick macht. Wir marschieren auf diesem Weg nach links weiter. Im Spätsommer locken immer wieder schwarzglänzende Brombeeren zum genussvollen Verweilen und im Herbst gelangt so mancher Steinpilz in den vorsorglich mitgebrachten Leinenbeutel. Die frischen Wühlspuren auf der einsamem Waldwiese und die zahlreichen Hochsitze am Rand der vor wenigen Jahren neu gepflanzten Jungkulturen verraten, dass wir uns in einem Gebiet befinden, wo vor allem das Schwarzwild seinen Einstand hat. Ihm zu begegnen dürfte jedoch nur ganz wenigen Wanderern vergönnt sein.

Voreifel

Der Weg knickt nach rechts in ein Tal ab und kurze Zeit später stoßen wir auf einen idyllisch gelegenen kleinen Fischweiher. Seerosen bedecken die Randzonen des von hohem Schilf gesäumten Gewässers. Mit mächtigen Flügelschlägen nimmt ein Graureiher Reißaus – unberechtigtes Fischen ist an diesem Ort nämlich ausdrücklich verboten...

Wir folgen dem asphaltierten Weg nach rechts und überqueren den Sülchesbach, der auch im extrem trockenen Sommer 2003 noch reichlich Wasser führt. Das weiß natürlich auch das Wild zu schätzen. An sumpfigen Stellen, den so genannten „Suhlen" (Sülches), genießen die Tiere körperpflegende Schlammbäder. Das anschließende heftige Reiben der Haut an einem Baumstamm, in der Jägersprache Malbaum genannt, dient zur Befreiung von lästigen Parasiten.

Am gegenüber liegenden Ufer wandern wir unterhalb des Hanges nach rechts. Bunte Vielfalt prägt die üppigen Blumenwiesen im Frühsommer. Nach der Mahd

„Auf der Eifel"

im Juli und der anschließenden Beweidung durch das Vieh leuchten die rosavioletten Sterne der Herbstzeitlose in der Septembersonne. Unser Weg stößt auf einen Querweg. Rechts geht es hinunter durch die Furt im Sülchesbach zur Ruine der früheren Holzfabrik. Wir halten uns links. Nach wenigen Metern ist selbst in der Rekordhitze des Sommers 2003 der Boden durchtränkt von einer starken Quelle, die im Weidengestrüpp am Hang hinter der kleinen Wegekreuzung an die Oberfläche tritt. Bezeichnend lautet der Flurname des von Buchenwald bekrönten Hügels „Auf der Eifel". Wir sind mitten im „Land der Quellen" angekommen.

Wir laufen weiter nach rechts durch das Tal. Der Bach mäandriert in seinem von graugrünen Salweiden beschatteten Bett. Rotbraunes Eifelvieh, weißliche Charolais-Rinder und goldmähnige Pferde dazwischen bilden einen lebhaften Kontrast. Ein kleiner kristallklarer Bach gesellt sich von links aus den sanften Hügeln kommend dazu. Sein Ursprung ist eine Quelle mitten im kleinen Dörfchen Buir. Doch davon erfahren wir später noch mehr.

Wir stoßen auf einen Querweg am Waldrand, dem wir nach rechts weiter talwärts folgen. Stockausschlag von Buchen und Eichen, unterbrochen von dichten Fichtenschlägen bedeckt den lang gezogenen Hügelrücken zu unserer Lin-

Immer wieder begegnen uns Pferde auf den Eifelwiesen

ken. Der Bach zu unserer Rechten heißt seit der Vereinigung des Sül-
chesbachs mit dem Buirer Bach fortan Ohbach. Wo die Wiesen enden und der Wald sich mit dem Bach fast einander berührt, führt eine Furt hinüber aufs rechte Ufer. Wir überqueren das Gewässer über
den schmalen Steig daneben und gelangen auf den asphaltierten
Weg, der von Schönau kommend an der alten Holzfabrik und dem
bereits erwähnten Fischteich vorbei hinauf nach Buir führt. Nach etwa 500 Metern biegen wir nach links ab, überqueren den Ohbach
über eine Brücke und wandern nun durch das Tal des Erftbaches
Richtung Holzmühlheim. Wir befinden uns nun auf der anderen Seite des kleinen Höhenzuges. Der Weg führt immer geradeaus durch
eine faszinierende Wiesenlandschaft, die zur Rechten durch den von
Salweiden und Schwarzerlen markierten Lauf der jungen Erft begrenzt wird. Immer wieder bieten sich für den Fotografen neue Mo-
tive. Mal ist es die kontrastreiche Landschaft, mal ist es die bunte
Blumenpracht am Wege oder die fantasievolle Konstruktionsgeo-
metrie der alten Weidezäune. Vor uns taucht wie ein Fossil aus alter
Zeit die „Schocher Mühle" auf. Ihr derzeitiger Besitzer stoppt jäh unseren Entdeckungstrip. „Durchgang verboten!"
Not gedrungen weichen wir nach rechts auf die Kreisstraße K80 aus,
der wir nun talaufwärts folgen. Ein Erinnerungsfoto von der alten

Voreifel

Mühle samt dem sie umgebenden „Prüll" gelingt auch aus dieser Perspektive. Kurz vor der steinernen Brücke über die Erft zweigt ein schmaler Pfad nach rechts ab. Oberhalb der von Streuobstwiesen eingerahmten ehemaligen „Raths-Mühle" gelangen wir an einem kleinen Wäldchen vorbei zum oberen Ortseingang von Holzmühlheim. Unterwegs genießen wir den Blick über den Erftgrund hinüber zum Michelsberg. Entlang der Bundesstraße B51 marschieren wir wenig später nach links in den Ort hinunter, dessen Kern aus hübschen Fachwerkanwesen besteht. Hier gibt es an Wochenenden stundenweise eine Einkehrmöglichkeit.

Ein Holzschild hinter dem letzten Anwesen weist nach links zur Erftquelle. Und ganz plötzlich, gleich unterhalb der schmalen Stufen, die von der viel befahrenen Straße hinab führt, sprudelt das eiskalte Wasser mit einer beeindruckenden Intensität aus dem steilen Hang. Die Quellfassung, erst 2003 neu gestaltet, soll in ihrer Form an die Quellheiligtümer der Frühzeit erinnern. Ob der Stil der geschichtlichen Bedeutung der Quelle gerecht wird, ist Auffassungssache. Der neue Quellbereich gehört auf alle Fälle zu den wichtigsten Sehenswürdigkeiten der Eifel. Die Quellschüttung der jungen Erft ist immerhin so stark, dass unmittelbar

Gewitterstimmung im Tal der oberen Erft

Das Tal der jungen Erft mit der Schocher Mühle vor der Kulisse des Michelsbergs

an der Quelle das Wasser in einen Mühlgraben geleitet wurde. Eine Darstellung des Hl. Nepomuk, des Schutzpatrons der Müller, sowie ein alter Mühlstein erinnern an diese frühere wirtschaftliche Nutzung der Wasserkraft in Holzmühlheim. Für die Holzmühlheimer Bevölkerung ist die Quelle mit dem hübschen Kinderspielplatz, der Bolzwiese und der Grillhütte ein Mittelpunkt im Dorfgeschehen.

Nach kurzer Pause und einer Stärkung aus dem Rucksack geht es weiter. Gegenüber des Quellbezirks wandern wir entlang der Straße durchs Dorf und biegen am Ortsende nach rechts ab. Vorbei am kleinen Friedhof geht es bergauf. Noch einmal genießen wir einen herrlichen Blick ins Tal der Erft, dann geht es an der nächsten Wegekreuzung im Wald nach rechts. Durch das Tal des Buirbachs gelangen wir hinauf nach Buir. Am Dorfbrunnen mit seinem für Mensch und Tier erfrischenden Nass biegen wir nach links ab. Der gut 500 Meter hoch gelegene Ort wurde 893 erstmals im Prümer Güterverzeichnis erwähnt. Das Dorfleben in Buir spielt sich im Schatten der 1870 erbauten Kirche „St.-Bartholomäus" ab. Zwischen Kirche, Spielplatz und Friedhof liegt der Treffpunkt der Buirer Bevölkerung. Im zum Vereins- und Bürgerhaus umgebauten alten Schulhaus, zugleich die einzige Kneipe – nur Mittwoch abends und am Wochenende geöffnet –, sind Wanderer stets gern gesehene Gäste.

Voreifel

Dorfbrunnen in Buir

Am Friedhof biegen wir zunächst nach rechts und wenige Meter weiter nach links zur „Buirer Lei" ab. Gleich hinter dem letzten Gartengrundstück geht es dann nach rechts hinüber zum Waldrand. Wir folgen dem Waldsaum weiter nach rechts und gelangen durch den Buchenwald hinunter ins malerisch von bewaldeten Hängen umschlossene obere Tal des Sülchesbaches. Auf der gegenüber liegenden Talseite folgen wir dann dem quer verlaufenden Weg knapp 200 Meter nach links und marschieren weiter auf dem asphaltierten Wirtschaftsweg nach rechts durch ein weiteres Tal bergauf in südwestlicher Richtung. Wir biegen auf dem nächsten Weg nach links ab, durchqueren die Senke zwischen den Pferdekoppeln und stoßen auf einen quer zum Hang verlaufenden breiten Feldweg. Hier halten wir uns rechts. Nach kurzer Zeit taucht hinter einer kleinen Bergkuppe die Kirchturmspitze von Tondorf auf. Nur wenige Meter weiter liegt das gesamte Dorfpanorama vor uns.

Der Ort war schon zur Römerzeit besiedelt und seine Kirche steht vermutlich auf den Fundamenten eines gallo-römischen Heiligtums. Wir biegen schon vor dem Erreichen der ersten Häuser auf den Asphaltweg nach links ab. Diesem folgen wir ein paar hundert Meter in östlicher Richtung, immer den Ausblick über unser Wandergebiet hinweg auf den Münstereifler Wald und den Michelsberg am Horizont vor Augen. Wenig später erreichen wir die Stelle, wo es nach rechts durch den Wald hinüber zum Ausgangspunkt unserer erlebnisreichen Tour geht.

Start / Ziel: Parkplatz am Sportplatz von Tondorf

Kategorie: Leichte Rundwanderung, 15 Kilometer, ganzjährig begehbar, witterungsunabhängig

Einkehrmöglichkeiten / Besonderheiten: Rucksackverpflegung empfohlen

Anfahrt: Autobahn A1 – Anschlussstelle Blankenheim (vorläufiges Autobahnende) – nach links 1 km auf Bundesstraße B51 nach Tondorf – im Zentrum geradeaus weiter auf Kreisstraße K79 Richtung Falkenberg/Hümmel – nach 500 m links Parkplätze am Sportplatz

Information: Wanderkarte 1:25 000 des Eifelvereins Nr. 5 „Nettersheim/Kall", Eifel-Touristik Agentur NRW e.V, Postfach 1346, 53897 Bad Münstereifel, Telefon 0 22 53 - 92 22 22, Fax 0 22 53 - 92 22 23, info@eifel-tourismus.de, www.eifel-tourismus.de

Auf Entdeckungstour
rund um die Erftquelle

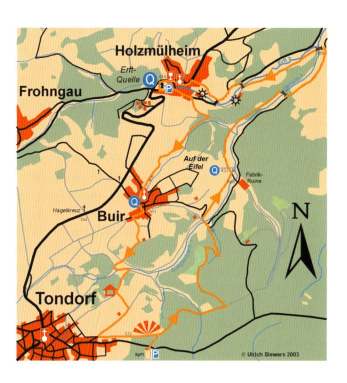

Voreifel

Landpartie in die rheinische Vergangenheit

Zu Besuch im Rheinischen Freilichtmuseum in Mechernich-Kommern

Die Wanderung durch das weitläufige, 80 ha große Museumsgelände wird zur Landpartie in die rheinische Vergangenheit. Die vier Regionen Bergisches Land, Niederrhein, Eifel und Westerwald werden durch rekonstruierte Originalgebäude repräsentiert. Man hat sie Stück für Stück am früheren Standort vorsichtig abgebaut, die Teile nummeriert, nach Kommern transportiert, nach umgekehrtem Schema sorgfältig wieder errichtet und fehlende oder schadhafte Teile ergänzt. Die Räume im Innern sind bis ins kleinste Detail dargestellt und teilweise vorbildgetreu möbliert. Um die etwa 65 historischen Gebäude herum wurden Bauerngärten angepflanzt, Weide- und Ackerflächen geschaffen. Landschaftstypische Streuobstwiesen und Heideflächen ergänzen das Landschaftsbild. In den Ställen werden alte Haustierrassen ge-

halten, auf den Weiden grasen braune Glanrinder und Eifler Kaltblüter. Man kann alte Handwerkskunst beim Drechsler ebenso live miterleben wie die Herstellung des würzig duftenden Steinofenbrotes. Wie zu Ur-Omas Zeiten gibt es im historisch liebevoll ausgestatteten Dorfladen jede Menge Kleinkram vom Himbeerbonbon bis zum hölzernen Kochlöffel zu kaufen. Je nach Jahreszeit werden die Äcker mit historischen Geräten bestellt und die Ernte auf traditionelle Weise eingebracht. Im Rheinischen Freilichtmuseum Kommern können kleine und große Besucher mit allen Sinnen erleben, wie früher im Rheinland gelebt und gearbeitet wurde. Dazu erstellt die Museumsleitung jährlich einen speziellen Veranstaltungskalender.

Wer das Angebot des Freilichtmuseums wirklich erleben möchte, sollte viel Zeit mitbringen. Drei Rundwege unterschiedlicher Länge werden dem Besucher angeboten. Wer sich für den längsten Weg entscheidet, wandert mindestens 2,5 Stunden. Der kürzere Weg dauert etwa 1,5 Stunden. Für Gehbehinderte, Rollstuhlfahrer und Familien mit Kleinkindern wird ein einstündiger Rundweg angeboten. Man sollte darauf achten, die Kleidung der Witterung anzupassen. Mit festem Schuhwerk oder mit Wanderstiefeln ist man immer gut bedient.

Das gesamte Freilichtmuseum ist behindertengerecht konzipiert. An zahlreichen Baudenkmälern gibt es spezielle Rampen für Rollstuhlfahrer. Das Museumsrestaurant „Gasthof zur Post" ist selbstverständlich rollstuhlgerecht ausgestattet. Außerdem gibt es besondere Angebote für Behinderte nach Vereinbarung.

Sonderausstellungen zu volkskundlichen und sozialgeschichtlichen Themen finden im Wechsel statt. Der Veranstaltungskalender informiert ausführlich darüber.

Der Museumsshop im Eingangsbereich bietet neben allerlei landestypischen Mitbringseln und Andenken eine hervorragende Auswahl an Literatur zur Landes- und Volkskunde sowie zum Naturschutz an. Ein Besuch lohnt sich auf jeden Fall.

Information: Rheinisches Freilichtmuseum – Landesmuseum für Volkskunde Kommern, Auf dem Kahlenbusch, D-53894 Mechernich-Kommern, Telefon 0 24 43 - 99 80 0, Fax: 0 24 43 - 99 80 133, e-mail: kommern@lvr.de, homepage: www.kommern.de
Öffnungszeiten: Das Museum ist an allen Tagen im Jahr geöffnet! Sonntags kommen die meisten Besucher, Montag und Freitag sind ruhige Tage
1. April bis 31. Oktober: 9-18 Uhr, 1. November bis 31. März: 10-16 Uhr

---

Wissenswertes und Nützliches

In eigener Sache

Die Erfahrung, dass sich einzelne Mitmenschen gegenüber unserer Umwelt respektlos verhalten oder sich über allgemein gültige Wertvorstellungen hinweg setzen, strapaziert zunehmend meine Geduld. Deshalb nutze ich gern meine Position als „Meinungsbildner" an dieser Stelle, um für mehr Rücksicht und Verantwortungsgefühl zu plädieren. Ich möchte daher meine Leserinnen und Leser auffordern, mit Nachdruck und Zivilcourage für den Erhalt und Schutz unserer Natur und unserer kulturellen Werte zu sorgen und sie zu verteidigen. Am besten gehen wir gemeinsam mit gutem Beispiel voran.

Zum Verhalten in der Natur

„Die Natur braucht uns nicht, aber wir brauchen die Natur!" Wer sie wirklich liebt und Respekt vor der Schöpfung hat, hält sich an folgende Regeln:

- Wir halten uns an die vorhandenen Wege
- Was wir von daheim mitgebracht haben, nehmen wir
  auch wieder mit nach Hause
- Rauchen ist nicht nur ungesund, sondern im Wald und in der Feldflur
  auch höchst gefährlich. Wer es partout nicht lassen kann, sorgt
  wenigstens dafür, dass keine glimmenden Reste übrig bleiben
- Wilde Pflanzen und Tiere sind am besten in ihrer natürlichen
  Umgebung aufgehoben. Deshalb lassen wir sie auch dort, wo sie sind.
  Das Sammeln von Kräutern, Waldfrüchten und Pilzen zum persönlichen Genuss ist nur außerhalb von Naturschutzgebieten gestattet.
- Hunde (auch ganz liebe!) gehören draußen immer an die Leine!
  So schützen wir nicht nur die Wildtiere und ängstlichen Mitmenschen,
  sondern auch uns selbst vor einer deftigen Geldstrafe.

Kultur- und Naturdenkmäler, Sehenswürdigkeiten und religiöse Einrichtungen

Der Erhalt und der Schutz unserer Kultur- und Naturdenkmäler sind Aufgabe und Verpflichtung für Jedermann. Wer zulässt, dass das kulturelle Erbe zerstört, bekritzelt oder auf andere Weise zweckentfremdet wird, versündigt sich an den

Rechten zukünftiger Generationen. Vor allem Erwachsene sollten Kindern mit gutem Beispiel voran gehen.

- Eine Kirche und religiöse Stätte (auch antike Tempel) ist kein Panoptikum, sondern ein Ort der Stille und Besinnung, den wir respektieren sollten.
- Wer Namenskürzel oder ähnliche „Kunstwerke" an öffentlichen Plätzen und Kulturgütern anbringt, verrät nur eine schlechte Kinderstube
- Wer Teile von Kultur- und Naturdenkmälern als „Souvenir" entwendet, macht sich strafbar. Die Einrichtungen des Fremdenverkehrs bieten dazu genügend Alternativen an.
- Unsere Hunde haben in Kultureinrichtungen nichts zu suchen!

Literaturempfehlungen und andere nützliche Hinweise

Die komplette Liste aller vom Autor verwendeten empfehlenswerten Bücher über die Eifel würde den Rahmen dieses Buches sprengen. Für alle Freunde der Eifelregion sind die Jahrbücher des Eifelvereins, die Heimatjahrbücher der Kreisverwaltungen und die speziellen Literaturangebote der Fremdenverkehrseinrichtungen sicher eine Bereicherung fürs Bücherregal und eine nützliche Unterstützung. Schauen Sie zusätzlich bei Ihrer Stadtbibliothek oder bei Ihrem Buchhändler ins Regal oder surfen Sie durch die empfohlenen Internetseiten.

Manche Standardwerke, auf die der Autor auch im vorliegenden Band zurückgegriffen hat, sind im Buchhandel nicht mehr erhältlich. Dazu gehören

Adam Wrede, Eifeler Volkskunde, Ludwig Röhrscheid Verlag, Bonn 1960 (sehr empfehlenswerte Standardliteratur über die Eifelregion, z.Zt. nur antiquarisch erhältlich/in vielen öffentlichen Bibliotheken vorhanden)

Kurt Degen, Geschichte der Bodenschätze im Brohltal, Rheinischer Verein für Denkmalpflege und Landschaftsschutz, Burgbrohl 2001 (vergriffen)

Führer zu vor- und frühgeschichtlichen Denkmälern Band 25 und 26 (Teil I und Teil II), Römisch-Germanisches Zentralmuseum Mainz, 1974 (z.Zt. nur antiquarisch erhältlich)

Sophie Lange, Wo Göttinnen das Land beschützten, edition nebenan, Bad Münstereifel 1995 (z.Zt. noch über den Eifelverein e.V., Hauptgeschäftsstelle, Stürtzstraße 2-6, D-52349 Düren erhältlich)

Bereits erschienene Bücher des Autors

Ulrich Siewers, Lust auf Natur Band 1 –
    Erlebniswandern beiderseits des Rheins, Edition Lempertz, Bonn 2001
Ulrich Siewers, Lust auf Natur Band 2 – Erlebniswandern & Spurensuche
    in der Eifel, Edition Lempertz, Bonn 2002

Ulrich Siewers, Lust auf Natur Band 3 - Erlebnis Eifel –
Wandern zwischen Himmel und Erde, Edition Lempertz, Bonn 2003

Kartenmaterial

Wanderkarten in den gängigen Maßstäben 1:25.000 oder 1:50.000 sind für ambitionierte Wanderer ein unverzichtbares Verbrauchsgut. Sie sollten stets auf dem neuesten Stand sein, d.h. möglichst nicht älter als fünf Jahre. Da Karten von Zeit zu Zeit überarbeitet werden müssen, sind sie manchmal vorübergehend vergriffen. Die in den jeweiligen Tourenbeschreibungen empfohlenen Karten waren zum Erscheinungsdatum dieses Wanderführers sämtlich im Buchhandel, bei den regionalen Fremdenverkehrseinrichtungen oder beim Eifelverein e.V., Hauptgeschäftsstelle, Stürtzstraße 2-6, D-52349 Düren (auch im Internet) erhältlich.

Einkehrmöglichkeiten

Restaurations- und Beherbergungsbetriebe sind in besonderem Maße von ständigem Wandel betroffen. Dies betrifft sowohl die Öffnungszeiten als auch die Qualität des Service. Empfehlungen sind deshalb nur zeitlich begrenzt gültig. Die im Text genannten Betriebe sind vom Autor persönlich 2003/2004 besucht und als wandererfreundlich eingestuft worden. Wer sicher sein will, nicht vor verschlossenen Türen zu stehen, sollte sich vorher bei den jeweils angegebenen Auskunftsstellen informieren.

Öffentliche Verkehrsmittel

Öffentliche Verkehrsmittel sind ein wichtiger Beitrag zum Umwelt- und Naturschutz und deshalb unbedingt unterstützenswert. Auf besonderen Wunsch beinhaltet der vorliegende Wanderführer Hinweise zu den öffentlichen Verkehrsmitteln, wobei jegliche Gewährleistung der Richtigkeit der Angaben ausgeschlossen ist. Aktuelle Auskünfte erteilen die Informationsdienste der Bahn bzw. die im Text genannten Informationsstellen.

Interessante und nützliche Internetadressen

Deutschsprachige Suchhilfen
(nach Stichwörtern, Namen oder anderen Begriffen)
*   .... *www.google.de*
*   .... *www.metager.de*

Wissen, allgemein von A – Z
*   .... *www.wissen.de*
*   frei zugängliche Enzyklopädie ································· *www.wikipedia.org*

Wissen über das Mittelalter (mit Literaturhinweisen)

* .... *www.mittelalter-genealogie.de*

Wie komme ich besten zum Ziel?
(Optimale Fahrtroute, Entfernung, Kartenausdruck etc.)

* (einschl. Straßen und Hausnummern) .... *www.falk.de*
* Routenbeschreibung und Kartendetails für die Anreise mit dem Auto *www.map24.de*
* Routenbeschreibung und Kartendetails für die Anreise mit dem Auto .... *www.reiseplanung.de*
* Karten und Luftbilder der Region, Verkehrsinformationen .... *www.general-anzeiger-bonn.de*

Fahrplanauskunft

* (einschl. Busverbindungen) .... *www.bahn.de*

Telefonauskunft

* (einschließlich Gelbe Seiten) .... *www.telefonbuch.de*

Wetter

* (mit praktischen Hinweisen zu aktuellen Verkehrsinformationen,
  Allergietipps, Bauernregeln etc.) .... *www.wetter.com*

Lokale Seiten

* Portal zu allen lokalen Internetangeboten, viel Service .... *www.meinestadt.de*

Restaurant- und Übernachtungsempfehlungen

* .... *www.varta-guide.de*

Regionale Geschichte, allgemein

* die Seiten der Stadtbibliothek Köln .... *www.stbib-koeln.de*
* Museen .... *www.rheintal.de*
* Forum für Archäologie, Sprache,
  interessante Link-Sammlung, u.v.a.m. .... *www.lateinforum.de*
* Kultur und Geschichte der Römer, Übersetzungen .... *www.romanum.de*
* Landesarchiv Rheinland-Pfalz .... *www.landeshauptarchiv.de*
* Rheinisches Landesmuseum Trier .... *www.landesmuseum-trier.de*
* alles über das Leben in der Antike .... *www.antikenforum.de*
* die Seiten der Universitäts- und Landesbibliothek Bonn .... *www.ulb.uni-bonn.de*

Eifel-Seiten

* sehr empfehlenswerte private Homepage mit sehr vielen interessanten
  Informationen zur Geschichte und Kultur der Eifel .... *www.wisoveg.de*
* Mitgliedschaft, Aktivitäten, Wanderkarten, Eifel-Literatur online .... *www.eifelverein.de*
* Informationen, Wetter, Wandertipps u.v.a.m. .... *www.eifellive.de*
* die schönsten Seiten der Eifel! .... *www.eifeltour.de*
* Naturschutz in der Eifel, deutsch/französisch .... *www.naturpark-hohesvenn-eifel.de*
* Eifel-Reiseführer .... *www.nordeifel.de*
* sehr nützliche Datenbank mit Volltextsuche, eine wahre
  Fundgrube für die gesamte Eifelregion .... *www.jahrbuch-daun.de*
* sehr nützliche Datenbank mit Volltextsuche
  des Kreisarchivs Ahrweiler .... *www.kreis.aw-online.de/kvar/*

Aktuelle Informationen, viel Service, Wandertipps, Sehenswürdigkeiten und Ausflugsziele in der Region u. a., vorgestellt vom Autor selbst

* .... www.general-anzeiger-bonn.de

Folgende Titel von Herrn Siewers sind bereits in der Edition Lempertz erschienen:

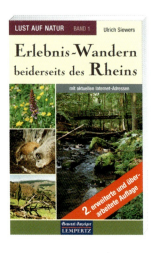

Lust auf Natur:
Band 1 – Erlebnis Wandern
beiderseits des Rheins
ISBN: 3-933070-38-4
€ 15,– / € (A) 15,40 / SFR 25,80

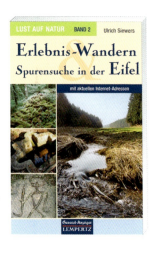

Lust auf Natur:
Band 2 – Erlebnis Wandern &
Spurensuche in der Eifel
ISBN: 3-933070-22-8
€ 15,– / € (A) 15,40 / SFR 25,80

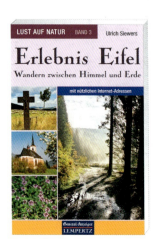

Lust auf Natur:
Band 3 – Erlebnis Eifel
Wandern zwischen Himmel und Erde
ISBN: 3-933070-30-9
€ 15,– / € (A) 15,40 / SFR 25,80